역사학자 3인이 쓴 정통 한국사

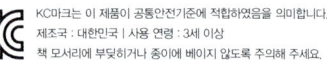

한국사 읽는 어린이 ❹ 근대
- 역사학자 3인이 쓴 정통 한국사

ⓒ 강석화, 김정인, 임기환, 2021
초판 1쇄 발행 2021년 6월 21일 | **초판 4쇄 발행** 2025년 6월 23일 | **ISBN** 979-11-5836-236-2, 979-11-5836-232-4(세트)

펴낸이 임선희 | **펴낸곳** ㈜책읽는곰 | **출판등록** 제2017-000301호 | **주소** 서울시 마포구 성지길 48 | **전화** 02-332-2672~3
팩스 02-338-2672 | **홈페이지** www.bearbooks.co.kr | **전자우편** bear@bearbooks.co.kr | **SNS** Instagram@bearbooks_publishers
책임 편집 오세경 | **책임 디자인** 톡톡 | **도움** 이인석, 황은희(원고 검토, 생각 넓히기 집필), 북앤포토(사진 진행) | **편집** 우지영, 우진영, 이다정, 최아라,
박혜진, 김다예, 윤주영, 도아라, 홍은채 | **디자인** 강효진, 김은지, 강연지, 윤금비 | **마케팅** 정승호, 배현석, 김선아, 이서윤, 백경희, 김현정
경영관리 고성림, 이민종 | **저작권** 민유리 | **협력업체** 이피에스, 두성피앤엘, 월드페이퍼, 원방드라이보드, 해인문화사, 으뜸래핑, 문화유통북스

이 책은 저작권법에 따라 보호받는 저작물이므로 무단 전재와 무단 복제를 금합니다.
이 책 내용의 전부 또는 일부를 사용하시려면 반드시 저작권자와 출판사의 동의를 얻어야 합니다.

KC마크는 이 제품이 공통안전기준에 적합하였음을 의미합니다.
제조국 : 대한민국 | 사용 연령 : 3세 이상
책 모서리에 부딪히거나 종이에 베이지 않도록 주의해 주세요.

역사학자 3인이 쓴 정통 한국사

한국사 읽는 어린이

글 강석화·김정인·임기환
그림 서영

❹ 근대

역사란 무엇일까? 왜 역사를 배워야 할까?

역사란 과거에 살았던 사람들의 이야기예요. 우리는 역사 공부를 통해 우리와 다른 시간, 다른 환경에 있었던 사람들이 어떻게 살았는지, 어떤 생각을 했는지, 어떤 기준으로 어떤 선택을 했는지 알게 되지요. 이처럼 과거에 살았던 사람들의 삶을 알아보고, 이를 바탕으로 우리는 어떻게 오늘을 살아야 하고 어떤 시각으로 세상을 보아야 하며 어떻게 세상과 만나야 할지를 스스로 깨닫게 됩니다. 그게 바로 역사를 배워야 하는 이유겠지요. 하지만 그러한 깨달음도 고정된 것은 아니에요. 더 많은 정보를 얻고 새로운 사실을 알게 되면 계속 바뀌게 마련이지요. 그러니까 열린 마음으로 꾸준히 공부하고 많은 사람들과 대화해야 한답니다. - 강석화

"어려워, 어려워!"
초등학교에서 막 역사를 배운 친구가 말했어요.
"뭐가 어려워?"
"뭔지는 모르겠는데, 아무튼 어려워!"
하긴 뭐가 어려운지 알면 그건 어려운 게 아니겠지요? 그 친구가 중학생이 되어 역사를 배우더니 이렇게 말했어요.
"아, 내가 초등학교에서 역사를 배우면서 뭐가 어려웠는지 이제 알겠다! 고려 다음에 조선이라는 나라가 있는 건 알겠는데, 세종 대왕과 이순신 중에 누가 먼저 태어났는지는 정말 헷갈렸거든."

아하, 그랬군요. 역사 속 인물에게는 태어난 순서가, 사건에는 일어난 순서가 있는데, 그걸 외우는 게 어려웠던 거군요.

하지만 역사에는 순서보다 더 중요한 게 있어요. 지금 어린이 여러분이 만나는 세상은 가족과 학교가 전부겠지만, 하루하루 커 가면서 만나는 세상은 점점 넓어질 거예요. 옛날에 살았던 사람들과 사건들을 익히는 역사 공부는 어린이가 넓은 세상으로 나아가는 데 꼭 필요해요. 넓은 세상을 미리 공부하는 예습인 셈이죠. 재미있게 역사 공부하기를 바라는 마음에서 선생님이 들려주듯 이 책을 썼어요. 이런 마음이 어린이 여러분과 통했으면 좋겠어요. - 김정인

"왜 우리 역사를 공부하게 되었어요?"
선생님이 가장 많이 받는 질문이에요.
"역사가 재미있잖아요!" 이런 대답에 어떤 학생들은 또 이렇게 되묻지요.
"뭐가 재미있어요? 외울 것도 많고, 너무 복잡해서 머리만 아프던데요!"
역사가 재미있다는 말이 이해가 되지 않는다고 고개를 갸우뚱하는 학생들에게 선생님이 들려주는 이야기가 있어요.

초등학교 5학년 때 일이었어요. 우연히 할아버지가 읽던 《삼국지》를 펼쳐 보았는데, 유비와 조조, 제갈공명 같은 인물들이 펼쳐 가는 이야기가 너무 재미있어서 푹 빠져들게 되었죠. 그러면서 나중에 크면 꼭 역사를 공부하겠다고 마음먹었고요.

저처럼 많은 어린이들이 역사를 재미있어 하고 좋아하기를 바라는 마음에서 이 책을 쓰게 되었어요. 역사 공부는 옛날에 일어난 일을 무작정 외우는 게 아니에요. 옛사람이 남긴 기록과 유물을 탐색하고, 그들이 살았던 시간과 공간을 간접적으로 체험하면서 그들이 살아온 모습을 들여다보는 거예요. 이를 통해 미래를 준비하는 거지요. 어린이 여러분이 이 책에 담긴 옛사람들의 이야기를 즐겁게 읽으면서 우리 역사를 좋아하게 되기를 바랍니다. - 임기환

차례

작가의 말 • 4
3인의 역사 교수님을 소개합니다 • 9

1장 개항과 조약 • 10
사건 탐구 - 청과 일본은 어떻게 나라의 문을 열게 되었나요? • 22
생각 넓히기 • 23

2장 임오군란 • 24
쟁점 토론 - 개화파와 척사파, 누구 말이 맞는 거죠? • 34
생각 넓히기 • 35

3장 갑신정변 • 36
쟁점 토론 - 평범한 사람들은 갑신정변에 찬성했나요? 반대했나요? • 46
생각 넓히기 • 47

4장 동학 농민 운동 • 48
인물 탐구 - 동학 농민군의 대장인 전봉준은 어떤 사람이었나요? • 62
생각 넓히기 • 63

5장 청일 전쟁과 갑오개혁 • 64
쟁점 토론 - 단발령은 정말 실시할 필요가 있었나요? • 74
생각 넓히기 • 75

6장 독립 협회 • 76
사건 탐구 - 관민 공동회란 무엇인가요? • 86
생각 넓히기 • 87

7장 **대한 제국** · 88
생각 넓히기 · 97

8장 **을사조약에서 한일 병합까지** · 98
인물 탐구 - 안중근은 어떻게 이토 히로부미를 사살하게 되었나요? · 108
생각 넓히기 · 109

9장 **계몽 운동** · 110
쟁점 토론 - 나라의 힘을 키우는 데 교육이 중요한가요? 산업이 중요한가요? · 120
생각 넓히기 · 121

10장 **의병 운동** · 122
인물 탐구 - 의병 중에 여성은 없었나요? · 130
생각 넓히기 · 131

11장 **서양 문물의 수용** · 132
쟁점 토론 - 철도는 편리한 교통수단인가요? 침략의 수단인가요? · 140
생각 넓히기 · 141

12장 **무단 통치와 문화 통치** · 142
쟁점 토론 - 일본의 식민지가 된 것이 우리나라가 발전하는 데 도움이 되었나요? · 156
생각 넓히기 · 157

13장 **3.1 운동과 대한민국 임시 정부** · 158
인물 탐구 - 유관순은 어떻게 3.1 운동에 참가하게 되었나요? · 168
생각 넓히기 · 169

14장 국내의 독립 투쟁 · 170
쟁점 토론 - 우리나라에서 만든 물건을 쓰는 게 나라에 도움이 되나요? · 180
생각 넓히기 · 181

15장 만주에 꽃핀 독립운동 · 182
인물 탐구 - 이봉창과 윤봉길은 어떤 사람들인가요? · 192
생각 넓히기 · 193

16장 어린이날은 어떻게 만들어졌을까? · 194
생각 넓히기 · 205
더 알아보기 - 인류 최대의 기념일, 어린이날 · 206

17장 대중 운동 · 208
인물 탐구 - 여성 교육을 이끌었던 차미리사는 어떤 사람이었나요? · 218
생각 넓히기 · 219

18장 일상 변화와 도시 · 220
사건 탐구 - 최초의 대박 영화인 <아리랑>은 어떤 영화였나요? · 232
생각 넓히기 · 233

19장 민족 말살 통치 · 234
생각 넓히기 · 245

20장 독립을 향한 노력 · 246
생각 넓히기 · 255

연표 · 256
찾아보기 · 258
사진 제공 · 260

3인의 역사 교수님을 소개합니다

임기환
난 선사 시대부터 고려 시대 전기까지를 안내할 임기환 선생님이야. 조용하고 혼자 있는 걸 좋아하며 소극적인 편이야. 아무것도 안 하고 노는 것을 좋아하지. 특별히 아끼는 것은 아니지만 항상 손목시계를 차고 다녀. 여행과 등산을 좋아하지만, 다른 운동은 싫어해. 요즘은 고양이 키우기와 길고양이 돌보기에 빠져 있어.

강석화
난 고려 시대 후기부터 조선 시대까지를 안내할 강석화 선생님이야. 겉보기에는 활발해 보이지만 조금 소심한 편이야. 낯을 많이 가리는 편이지. 행동은 느리지만 검도를 할 때는 좀 달라. 이래 봬도 3단이라고! 요즘은 자전거 타기와 요트를 즐기고 있어. 혼자서 책을 읽거나 가족과 여행하는 것, 친구들과 수다 떠는 것을 좋아해.

김정인
근대와 현대를 담당하는 김정인 선생님이야. 난 웬만하면 스트레스를 받지 않고 화도 내지 않는 편이야. 항상 웃는 얼굴이라 놀림을 받은 적도 있지. 특별히 싫어하는 일은 없고, 운동을 아주 좋아해서 야구장에 직접 응원을 가기도 해. 가장 좋아하는 일은 공부하기야. 그래서 지치고 힘들 때면 공부를 한단다. 이상하니?

1장 개항과 조약

여기는 한성에 있는 정동이라는 곳이야. 덕수궁 근처에 있는 곳이지.
그런데 여기는 당시 한성 거리와는 많이 달라 보여. 서양식 건물도 있고 외국 사람들도 있어.
여기는 왜 다른 모습인 걸까?

질문 있어요!

저기, 궁금한 게 있어요!

무엇이든 물어보세요!

어제 정동이라는 곳에 갔는데요. 거기에는 이상하게 생긴 건물들이 있더라고요. 거긴 뭐죠? 게다가 우리와 다르게 생긴 사람들도 있었어요. 무슨 말인지 모를 말을 하면서요.

아! 외국 공사관을 본 모양이구나. 그 사람들은 외국에서 온 사람들이야.

외국 사람들이 왜 조선에 왔어요? 그 사람들은 무슨 일을 하는 거죠?

궁금한 게 참 많지? 그 당시 사람들에게 정동 거리는 낯설게 보였나 봐!

1876 일본과 강화도 조약을 맺다.

1882 임오군란이 일어나다.

1884 개화파, 갑신정변을 일으키다.

1894 동학 농민 운동이 일어나다. 청일 전쟁이 일어나고 갑오개혁을 실시하다.

강화도 조약

어린 나이에 왕위에 오른 고종은 20살이 되자, 그동안 나랏일을 맡았던 아버지 흥선 대원군을 물러나게 하고 스스로 나라를 다스리기 시작했어. 그때까지 조선은 청이나 일본처럼 서양 여러 나라들과 교류하지 않았어. 대원군이 나라 문을 꽁꽁 잠그고 열지 않았거든. 직접 나라를 다스리게 되자 고종은 일본과 교류하기 위해 회담을 시작했지. 대원군과 달리 고종은 나라의 문을 열고 서양의 발전된 문물을 받아들이는 것이 나라 발전에 도움이 된다고 생각했던 거야.

일본은 대원군 때부터 조선에 수교를 요구했어. 수교란 두 나라가 조약을 맺어 서로의 나라에 외교관을 파견하고, 그들이 일을 하는 공사관이나 대사관을 두는 걸 말해. 조선과 일본의 관리들이 만나서 회담을 했지만 서로 생각이 달라 수교를 하지 못했어. 일본이 자기네는 천황의 나라라고 하면서, 황제만이 쓸 수 있는 용어가 담긴 외교 문서를 보내며 무례하게 굴었기 때문이야. 그동안 조선은 일본을 왜라고 부르며 얕잡아 보고 있었는데, 그렇게 무례하게 나오니 참을 수기 없었던 거지.

그러자 일본은 조선의 문을 열기 위해 자신들이 당한 수법을 그대로 조선에 적용하기로 했어. 일본은 미국의 페리 제독이 함대를 이끌고 일본에 들어오자, 그 힘에 굴복해서 강제로 나라의 문을 열었거든. 미국과 마찬가지로 일본 군인들도 운요호란 이름의 군함을 타고 부산 앞바다를 지나 남해안과

서해안을 돌아 한강까지 올라왔어. 강화도의 초지진에서는 조선 군대와 서로 대포를 쏘며 싸웠고, 인천 영종도에 쳐들어가서는 물건을 빼앗고 사람을 죽이기도 했지. 일본은 이처럼 함부로 조선 바다를 휘젓고 다녔으면서도 나중에는 마치 자신들이 피해를 입은 것처럼 굴었어. 가만히 있는 운요호에 조선군이 먼저 대포를 쏘았기 때문에 싸움이 벌어졌다고 우기면서 말이야.

일본은 조선에 건너와 살고 있는 일본인을 보호하고 조선 군인이 운요호에 대포를 쏜 책임을 묻겠다며 조선에 관리를 보냈어. 일본을 대표한 관리는 군인인 구로다였는데, 군함 8척을 이끌고 강화도에 나타나 조선 관리와 만나도록 해 달라고 요구했지. 조선은 신헌을 대표로 한 관리들을 강화도

에 보내 일본 대표를 만나도록 했어. 그렇게 서로 의논한 끝에 강화도 조약이 탄생한 거야. 이 조약은 우리나라가 외국과 맺은 최초의 조약인데, 강화도에서 맺었다고 해서 '강화도 조약'이라고 불러. 조약의 정식 이름은 '조일 수호 조규'야.

그런데 강화도 조약의 내용을 찬찬히 살펴보면 일본에게 유리하도록 되어 있어. 일본도 앞서 서양 여러 나라와 불리한 조약을 맺었어. 그걸 배워 자신들에게 유리하고 조선에게는 불리한 조약을 요구한 거지. 조약의 앞머리에 '조선은 자주의 나라로 일본과 평등한 권리를 갖는다.'라고 쓰여 있어서 조금 헷갈릴 수는 있어. 하지만 '조선은 일본과 평등한 권리를 갖는다.'는 뒷부분보다는 '조선은 자주의 나라'라는 앞부분에 일본의 꿍꿍이속이 숨

강화도 조약 체결
1876년 1월 17일에 조선의 신헌과 일본의 구로다 기요타카는 조약을 맺기 위해 연무당에서 회담을 열었어.

연무당
강화도 조약이 체결된 연무당의 모습이야. 연무당은 지금은 없어지고 비석만 남아 있어.

겨져 있단다. '조선은 청의 뜻에 따르는 속국이 아니니, 청이 마음대로 간섭하면 안 된다.'는 속뜻이 담겨 있는 거야. 그러니까 오랫동안 조선과 가까이 지내온 청을 대신해서 일본이 조선에 힘을 더 미쳐 보겠다는 의도가 들어 있는 것이지.

그 아래 내용을 마저 읽어 보면 일본을 위해 조선이 해야 하는 일들만 잔뜩 쓰여 있어. 먼저 부산을 포함하여 원산, 인천의 세 항구를 열어 일본 사람들이 와서 장사를 할 수 있도록 했어. 이처럼 항구를 열어 외국인이 장사할 수 있도록 하는 것을 '개항'이라고 해. 그런데 개항을 하면 아직 산업이 발달하지 않은 조선은 산업이 발달한 일본에 비해 불리하게 되지. 또 일본 사람이 조선 바다를 마음대로 조사할 수 있도록 했는데, 이건 나라의 지리 정보를 고스란히 일본에게 보여 주는 셈이 되는 거야. 그리고 조선에서 일본인이 조선인에게 죄를 지어도 조선 관리가 아니라 일본 관리가 벌을 준다고 되어 있어. 일본 사람이 나쁜 짓을 해도 조선 관리는 벌을 줄 수 없다는 거야.

이렇게 일본에게 유리한 내용들이어서 강화도 조약 하면 '불평등 조약'이란 꼬리표가 항상 따라다닌단다. 그런데 좀 이상하지? 조선은 왜 불평등 조약을 받아들였을까? 고종과 관리들은 외국과 조약을 맺는다는 것의 의미를 잘 몰랐어. 그저 예전부터 내려온 외교 관계를 글로 남기는 거라고만 생각했지. 그래서 조약의 내용에 담긴 뜻을 깊이 따져 보지 않았던 거야. 또 서양의 여러 나라가 중국과 일본에 강요해 맺은 불평등 조약에 대해 잘 몰랐기 때문이기도 해. 그렇기는 해도 강화도 조약을 시작으로 조선은 굳게 닫혔던 문을 열고 세계로 한 걸음 내딛게 되었어.

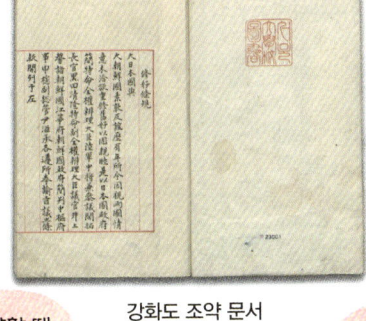

강화도 조약 주요 내용

조선은 자주의 나라로 일본과 평등한 권리를 갖는다.

히히, 우리 속셈도 모르고…!

일본 사람이 조선 바다를 마음대로 조사할 수 있다.

조선을 침략할 때 써먹도록 준비하자!

부산과 원산, 인천의 세 항구를 열어 일본 사람들이 와서 장사를 할 수 있도록 한다.

우리 물건을 마음껏 팔자!

조선에서 일본인이 조선인에게 죄를 지어도 조선 관리가 아니라 일본 관리가 벌을 준다.

일본인의 잘못에 대해 조선인은 벌을 줄 수 없다!

강화도 조약 문서

서양의 여러 나라들과 조약을 맺다

　강화도 조약으로 나라의 문을 연 뒤, 조선은 외국의 문물을 받아들이기 위해 노력했어. 먼저 일본의 사정을 살피기 위해 수신사라고 부르는 외교관을 보냈는데 첫 번째로 김기수가 다녀왔지. 김기수는 일본의 발전된 모습을 보고 깜짝 놀랐다고 해. 직접 눈으로 보고 개화의 필요성을 느낀 거야. 두 번째 수신사로는 김홍집이 일본을 다녀왔어.

　개화가 필요하다고 생각한 조선은 일본과 청처럼 제도를 서양식으로 바꾸기 시작했어. 이걸 개화 정책이라고 불러. 개화 정책을 이끌어 갈 관청으로는 통리기무아문을 두었지. 주변 나라들의 새로운 변화를 배우기 위한 노력은 계속되었어. 일본의 사정을 좀 더 자세히 살펴보기 위해서 조사 시찰단을 보냈어. 청에는 무기 만드는 법을 배우기 위해 관리들을 보냈는데, 이를 영선사라고 불렀어.

이처럼 조선이 개화 정책을 펼치자, 서양의 여러 나라들이 조선과 수교를 맺으려고 접근했어. 제일 먼저 미국이 일본을 통해 조선과 수교하고 싶다는 뜻을 전해 왔어. 조선은 일본과는 수교했지만, 서양의 나라와는 수교하지 않는다며 거부했지. 그러다 조선은 미국과 수교하는 쪽으로 마음을 바꾸게 되었어. 왜 그랬을까? 그건 바로 황쭌셴이란 청나라 사람이 쓴 《조선책략》

수신사 행렬
1876년 김기수가 이끄는 수신사 일행 76명이 일본에 다녀왔어. 강화도 조약 체결 이전에는 통신사라고 불렀지만, 수교 이후로는 수신사라고 불렀어.

이라는 책 때문이야. 이 책은 김홍집이 일본에서 가져와 고종에게 바친 책인데, 러시아가 조선을 위협하니 중국, 일본, 미국과 함께 힘을 모아 막아야 한다는 내용이 담겨 있었어. 이 책을 본 고종이 미국과 수교하는 쪽으로 마음을 돌린 거야.

황쭌셴과 《조선책략》

미국과 수교하는 것을 도운 건 일본이 아니라 청이었어. 미국이 청에 도움을 요청했거든. 조선 대표로는 이번에도 신헌이 나섰어. 이렇게 해서 조선은 미국과 '조미 수호 통상 조약'을 맺게 되었어. 하지만 이 조약도 조선에게 불리하고 미국에게 유리한 불평등 조약이었지. 그래도 '제3의 나라가 두 나라를 부당하게 대하면 서로 돕는다.'는 내용이 담겨 있었어. 서울에는 서양 나라로는 처음으로 미국의 공사관이 세워졌고, 푸트라는 사람이 공사로 왔어. 푸트는 미군과 조선군이 충돌한 신미양요 때 미군 장교로 있었던 사람이야. 조선에서도 박정양을 대표로 외교 사절단을 미국에 보냈는데, 이를 보빙사라고 불렀어.

미국과 수교한 후에는 서양의 다른 나라들과 줄줄이 조약을 맺었어. 미국과 수교한 지 보름 만에 영국과 수교했고, 한 달 후에는 독일과 조약을 맺었지. 다른 나라들과 맺은 조약 내용은 미국과 맺은 조약과 크게 다르지 않았어. 또 어떤 나라들과 수교했을까? 미국, 영국, 독일에 이어 이탈리아, 러시아, 프랑스, 오스트리아, 벨기에, 덴마크 등 당시 힘센 서양 나라들과 수교를 했어. 그중에서 오스트리아와 덴마크를 뺀 나라들이 외교관을 조선에 파견하여 공사관이나 영사관을 열었어. 그 건물들 대부분이 모여 있던 곳이

미국 공사관 / 영국 공사관 / 러시아 공사관
독일 공사관 / 프랑스 공사관 / 벨기에 공사관 / 이탈리아 공사관

바로 앞(10~11쪽)에서 보았던 정동이야. 외국의 관리와 가족들은 정동에 서양식 건물을 짓고 모여 살았어. 그래서 1900년대의 정동 거리가 마치 외국의 거리처럼 보였던 거란다.

청과의 특별한 사이

그런데 뭔가 이상하지 않니? 일본이나 서양의 다른 나라들과는 수교하면서 청과는 왜 수교를 하지 않았을까? 혹시 사대주의란 말을 들어 본 적 있어? 작은 나라가 큰 나라 섬기는 걸 뜻하는 말이야. 실제로는 불평등한 조약을 맺더라도, 수교를 한다는 건 두 나라가 서로를 동등한 외교 상대로 인정한다는 걸 의미해. 조선은 다른 나라와는 조약을 맺으면서도, 오랫동안 그랬던 것처럼 청을 섬긴다는 입장을 바꾸지 않았어. 청도 조선을 끝까지 자신을 섬기는 나라로 두고 싶어 했지. 그래서 동등한 입장에서 맺는 수교를 하지 않았던 거야.

이런 사정 때문에 강화도 조약을 맺을 때, 청의 간섭을 의식하지 않을 수 없었던 일본이 '조선은 자주의 나라'라는 표현을 넣었던 거야. 서양 나라로는 처음 조선과 수교를 한 미국도 이런 사정을 이해하지 못해 몹시 혼란스러워했어. '조선이 청의 지배를 받는 속국이라면 굳이 수교할 필요가 없지 않은가?'라고 미국 관리가 묻자, 조선의 관리나 청의 관리 모두 '조선은 청의 속국이자 자주국이다.'라는 알쏭달쏭한 답을 했지. 그러면서도 청은 조선이 청의 속국이란 걸 조약에 써 넣으라고 요구했어. 하지만 다행히도 미국이 이를 거절해서 조약에는 들어가지 않았어.

조선은 조약 대신에 청과 '조청 상민 수륙 무역 장정'이라는 약속을 맺었어. 왜 조약이 아니라 '장정'이라고 하는 무역과 관련된 약속만 맺었을까? 청이 조약은 동등한 나라끼리 맺는 것인데 속국인 조선과 조약을 맺을 수는 없다고 고집했고, 조선도 이를 받아들였기 때문이야. 이 약속에는 조선이 중국의 오랜 속국이라는 내용이 들어가 있어. 조선은 나라 안팎 정치에서 청에 크게 의지하고 있었기 때문에 이 내용을 순순히 받아들였던 거지. 조선과 청의 특별한 관계를 도저히 이해할 수 없었던 영국 외교관 커즌은 '세상에서 조선처럼 스스로 독립국이자 속국이라고 주장하는 나라는 없다.'면서, 다른 나

우리와 조약을 맺는다고?

청

아니옵니다! 예전대로 왕과 신하의 관계를 유지하도록 하겠습니다!

조선

라와 조약을 맺으니 독립국이고 청과는 조약을 맺지 않으니 속국인 이런 불확실한 처지의 나라는 오직 조선뿐이라며 놀라워했다고 해. 그럼 청과는 계속 조약을 맺지 않았을까? 그건 아니야. 청일 전쟁에서 청이 일본에 패하여 조선에 대한 간섭을 포기하고, 대한 제국이 들어선 후에 '한청 통상 조약'이 맺어졌단다.

생각 넓히기

1 생각해 보기

다음은 강화도 조약 제1조야.
일본이 강화도 조약 제1조를 이렇게 만든 이유는 무엇인지 생각해 보자.

> 조선은 자주의 나라로
> 일본과 평등한 권리를 갖는다.

2 활동해 보기

개항 이후 외국 공사관이 들어섰던 정동을 답사하고, 당시 정동이 어떤 의미가 있는 곳이었는지 알아보자.

구 러시아 공사관 · 중명전 · 정동 제일 교회 · 덕수궁 중화전

 답사를 마친 소감

2장 임오군란

여기는 1882년 조선의 수도인 한성이야. 무슨 일인지 군인들이 들고일어났어. 높은 관리를 때리고 으리으리한 집을 부수고 있네. 저러다 큰일이 나겠는걸. 군인들은 왜 저렇게 화가 났을까? 저 군인들이 바라는 건 무엇일까?

질문 있어요!

저기, 궁금한 게 있어요!

무엇이든 물어보세요!

그나저나 왜 우리들을 차별하는 겁니까?

네? 아니, 저는 차별하지 않았는데요.

새로 만든 별기군은 팍팍 밀어 주면서, 왜 우리들은 구식 군대라고 깔보고 월급도 안 주고 그러느냐고요? 너무하는 것 아닙니까?

네, 그건 나라에서 잘못한 거죠. 별기군을 키운다고 하면서 구식 군대에게는 너무 소홀했네요.

게다가 13개월 만에 주는 쌀에 겨와 모래를 섞다니!! 이번에 확 뒤집어엎어 버려야 한다고요.

조선이 나라의 문을 열고 개화 정책을 펼치면서 예전의 것들이 무시당하는 일이 생겼어. 일부러 그런 것은 아니지만 소외되는 사람들이 생겨난 거지.

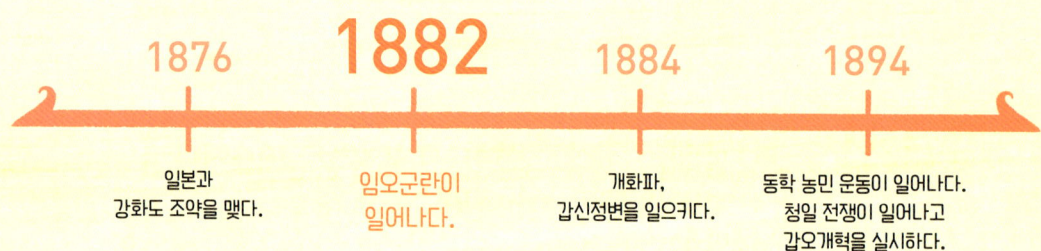

1876 일본과 강화도 조약을 맺다.

1882 임오군란이 일어나다.

1884 개화파, 갑신정변을 일으키다.

1894 동학 농민 운동이 일어나다. 청일 전쟁이 일어나고 갑오개혁을 실시하다.

개화파의 등장

'개화'라는 말이 무슨 뜻인지 아니? 개화란 '지혜를 열어 새롭게 바꾸어 나간다.'는 뜻이야. 개항 무렵 조선에서는 서양의 정치, 경제, 사회, 문화를 받아들여 나라를 바꾸는 걸 개화라고 불렀어. 이처럼 나라를 서양식으로 바꾸는 데 찬성하는 사람들을 개화파라고 해. 하지만 개화에 찬성하는 사람들끼리도 서로 생각이 달랐어. 한쪽은 서양의 문물을 모두 받아들여 나라의 모습을 완전히 새롭게 바꿔야 한다고 생각했고, 또 다른 한쪽은 서양에서 발달한 과학 기술만 받아들이면 된다고 생각했지.

개화파는 나라의 문을 열기 전부터 있었어. 관리를 지냈던 박규수가 일찍부터 나라의 문을 열고 서양처럼 바뀌어야 한다고 주장했어. 그는 외교관으로 여러 차례 청을 다녀오면서 개화의 필요성을 알게 되었어. 그래서 나라가 빨리 문을 열고 바뀌지 않으면, 청이 영국에 굴복한 것처럼 큰일이 날지도 모른다고 걱정했지. 서양을 알고 서양의 좋은 점을 배워 서양의 침략을 막아 내야 한다는 게 그의 생각이었어. 그래서 강한 나라가 약한 나라를 차지하는 시대에 서양과 당당하게 외교를 펼치기 위해서는 개화해야 한다고 주장했어. 하지만 그때는 개화에 반대하는 기운이 더 강해서 그의 주장은 힘을 얻지 못했어. 박규수는 앞날을 위해 젊은이들을 가르쳐야 한다고 생각했어. 그래서 김홍집, 김옥균, 유길준, 박영효 등 젊은이들을 자기 집 사랑방에 불러 모아 서양 문물을 소개하고 개화의 필요성을 강조했지. 이 사랑

방에 모였던 젊은이들이 나중에 관리가 되어 개화파로 뭉치게 된단다.

개화 정책과 그에 대한 반발

　개화파의 주장이 나라의 정책으로 받아들여진 것은 일본과 수교를 하고 나서부터였어. 개화 정책을 이끌어 나갈 관청으로 통리기무아문이 만들어졌고, 우리보다 먼저 서양식으로 바꾸기 위한 노력을 기울였던 이웃 나라 일본과 청을 살피고 배우기 시작했지. 일본에는 60여 명의 조사 시찰단을 보냈는데, 개화에 반대하는 사람들이 막을까 봐 몰래 보냈다고 해. 이들은 대부분이 관리들이었는데 일본에서 4개월 동안 돌아다니며 조사하고 자료를 모았어. 그중 일부 관리는 일본에 남아 서양 학문을 공부하기도 했어. 유길준과 윤치호는 미국으로 유학을 가기도 했지.

청에는 영선사 김윤식을 대표로 68명의 사람들을 보냈어. 무기를 만들고 다루는 기술을 배우기 위해서였지. 사람들은 총과 대포를 만드는 기술이나 기계 다루는 방법을 배우고 과학 지식과 외국어를 익혔어. 중간에 포기하고 돌아오는 사람들도 있었지만, 이들의 노력으로 마침내 한성에 무기 공장인 기기창이 세워졌어. 무엇보다도 나라를 튼튼히 지키는 것이 가장 중요하다는 생각으로 무기를 만드는 공장을 세운 거란다. 또한 서양식 군대인 별기군을 만들어 훈련을 시작했어. 별기군을 훈련시킨 사람은 일본군 소위인 호리모토였어. 무기 만드는 법은 청으로부터 배우고, 군인 훈련은 일본에 맡긴 거야.

이처럼 나라의 문을 열고 서양식으로 바꾸려는 움직임이 생겨나자 이에 반대하는 사람들도 나타났어. 이 사람들을 척사파라고 불러. '척사'란 '나쁜 것을 물리친다.'는 뜻이야. 서양 문물은 나쁜 것이니 이를 물리쳐야 한다는 거지. 조선 정부가 나라를 개화하는 쪽으로 끌고 가자, 척사파는 이에 반대하는 운동을 펼쳤어. 전국에서 유학을 공부하는 유생들과 몇몇 관리들이

고종에게 개화 정책을 멈추어 달라며 항의했어. 많은 유생들은 임금이 사는 궁궐인 경복궁 앞에 모여 임금께 드리는 글인 상소문을 올리며 개화에 반대했지. 고종이 개화에 반대하는 상소를 올리지 말라고 명령했지만 소용이 없었어. 전국에서 다시 개화에 반대하는 글을 임금에게 올리는 상소 운동이 벌어졌거든. 그러던 중에 몇몇 사람이 고종을 왕의 자리에서 몰아내려고 음모를 꾸민 사건이 들통났어. 이에 고종이 척사파를 잡아들여 벌을 주었고, 상소 운동은 시들해지고 말았지. 이렇게 척사파는 힘을 잃었고 개화파는 점점 힘이 세졌어.

개화파 안에서 처음에는 서양의 과학 기술만 받아들이고 정신은 우리 것을 지켜야 한다는 주장이 우세했어. 그러다가 미국과 수교를 맺을 무렵부터는 서양의 법이나 제도까지도 받아들이자는 목소리가 점점 높아져 갔어.

임오군란

척사파가 힘을 잃고 개화파가 힘을 얻을 무렵에 큰 사건이 일어났어. 바로 임오군란이야. 앞에서 별기군을 만들었다는 얘기 기억하지? 서양식 군대인 별기군을 만들어 훈련시키면서 원래 있던 군인들에 대한 대우가 나빠졌어. 이렇게 나쁜 대우를 받게 된 군인들이 난을 일으킨 거야. 임오군란이란 '임오년인 1882년에 군인들이 일으킨 난리'란 뜻이야.

나라에서는 별기군을 만들면서 원래 있던 군대의 규모를 줄였어. 이때 일부 군인들이 직업을 잃었지. 그에 비해 별기군은 좋은 대우를 받았기 때문에 구식 군인들이 화가 많이 나 있었어. 그런데 더 심각한 건 무려 13개월, 그러니까 1년이 넘게 월급을 받지 못했다는 거야. 그땐 돈이 아니라 쌀로 월

청과 일본이 끼어들다

다시 대원군의 세상이 된 것처럼 보였지만 오래가지는 못했어. 예전과 다르게 나라의 문을 연 상태였으므로 임오군란이 나라 안의 난리로만 그치지는 않았거든. 공사관을 버리고 도망친 일본 공사 하나부사는 일본에 임오군란 소식을 알렸어. 일본은 일본인을 죽이고 일본 공사관을 불태운 것에 대해 사죄하고 피해를 보상하라고 요구했지. 배에 군인들을 싣고 돌아온 하나부사 공사가 일본의 요구를 전했지만, 대원군은 이를 무시했어. 한편 청도 가만히 있지 않았어. 임오군란 소식을 전해 듣고 재빨리 군대를 보냈어. 한성으로 들어온 청의 군대가 제일 먼저 한 일은 대원군을 납치하여 청의 톈진으로 잡아간 거였어. 그러고는 한성을 지키고 있던 조선 군인들을 몰아내고 한성을 점령해 버렸지.

결국 조선은 일본의 요구를 받아들여 많은 돈을 배상금으로 주었어. 일본군이 일본 공사관을 지키기 위해 한성에 머무는 것도 허락했어. 청은 마젠창을 정치 고문, 독일인 묄렌도르프를 외교 고문이라는 이름으로 보내 나랏일에 간섭하기 시작했어. 임오군란이 끝나고 개화 정책은 다시 빛을 보게

되었지만, 이젠 시시콜콜 청의 간섭을 받으며 진행된다는 게 이전과는 다른 점이었지. 예를 들면 별기군 대신 친군영을 만들어 청나라 방식으로 훈련시킨다든지 하는 것처럼 말이야. 이렇게 임오군란 때부터 청과 일본은 조선을 자신들의 손아귀에 꽉 움켜쥐기 위해 다투기 시작했어. 조선의 운명에 점점 먹구름이 드리우게 된 거야.

쟁점 토론 — 개화파와 척사파, 누구 말이 맞는 거죠?

나라의 문을 열고 외국과 교류하는 것을 찬성하는 사람을 개화파, 이에 반대하는 사람을 척사파라고 해. 유명한 척사파로는 최익현이 있어. 그는 서양과 일본의 문물이 들어오는 걸 반대했어.

"개화합시다!"

"큰일 날 소리!"

"우리가 수교를 하게 되면, 일본과 서양의 나라들이 우리가 약하다는 걸 알고 큰 욕심을 부릴 텐데 그것을 무엇으로 감당할 것입니까? 우리 물건은 많지 않은데 저들의 요구는 끝이 없을 것입니다. 한 번이라도 응해 주지 못하면, 틀림없이 화를 내며 우리를 침략하고 짓밟아 버릴 것입니다."

하지만 고종의 생각은 달랐어. 나라의 문을 열고 개화에 힘써야 한다고 생각했지.

"요즘 세상은 옛날과 아주 다르다. 서양 여러 나라들은 기계를 만들어 잘사는 나라가 되었고, 중국도 평등한 처지에서 서양 나라와 수교하고 있다. 일본이 문을 열고 교역을 하고 있는 것도 어쩔 수 없기 때문이다. 이웃 나라와 좋은 관계를 가지고 함께 잘사는 나라를 만들어 백성과 함께 편안한 세월을 누린다면 어찌 좋은 일이 아니겠는가?"

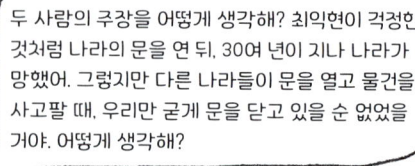

두 사람의 주장을 어떻게 생각해? 최익현이 걱정한 것처럼 나라의 문을 연 뒤, 30여 년이 지나 나라가 망했어. 그렇지만 다른 나라들이 문을 열고 물건을 사고팔 때, 우리만 굳게 문을 닫고 있을 순 없었을 거야. 어떻게 생각해?

"거 참 어려운 문제네요! 둘 다 맞는 것 같기도 하고…."

생각 넓히기

1  개화를 주장한 사람들 사이에도 아래와 같이 두 가지 입장이 있었어. 나라면 과연 어떤 입장이었을지 생각해 보자.

 서양의 과학 기술만 받아들이고 정신은 우리 것을 지켜야 해!

 서양의 기술뿐만 아니라 법과 제도까지 모두 받아들여야 해!

2 다음 만화를 보고 임오군란을 일으킨 구식 군대 군인들의 불만이 무엇인지, 또 그들의 요구가 무엇인지 생각하여 써 보자.

드디어 나라에서 밀린 월급을 준대!
정말? 이게 얼마 만에 받아 보는 월급이야? 벌써 1년도 넘었다고!

드디어 쌀밥을 먹을 수 있겠군, 얼른 가 보자고!
아유, 좋아라!

아니 이게 뭐야? 쌀 속에 온통 겨가 들어 있잖아!
난 모래가 잔뜩 들어 있어!

신식 군인들에게는 월급도 제때 잘 주더니…!
그뿐이야? 좋은 옷 주고, 신식 무기도 주고, 도대체 우리는 이게 뭐야?

이건 차별이야, 차별! 가만히 있을 수 없어!

3장 갑신정변

여기는 일본으로 가는 배 안이야. 사람들이 초췌한 얼굴에 근심 어린 표정을 짓고 있어. 저기 저 사람은 다치기도 했네. 이들은 누구일까? 또 무슨 일이 있었기에 이렇게 근심하고 있는 걸까?

질문 있어요!

저기, 궁금한 게 있어요!

무엇이든 물어보세요!

우리가 왜 실패한 걸까요? 우리는 살기 좋은 나라를 만들려고 했어요. 농민들을 괴롭히는 세금 제도도 바꾸고, 신분 때문에 차별받지 않는 세상을 만들려고 했다고요!

너무 성급했던 것 아닐까요? 일반 백성들의 마음도 모으지 않고 일본에 기대서 일을 벌였으니.

맞아요. 일본을 믿지 말고 좀 더 준비를 했어야 하는데…!

개화당은 서양 여러 나라의 제도를 받아들여 살기 좋은 나라를 만들고 싶어 했어. 하지만 준비가 부족한 상태에서 너무 급하게 일을 벌인 게 문제였지!

1876 일본과 강화도 조약을 맺다.

1882 임오군란이 일어나다.

1884 개화파, 갑신정변을 일으키다.

1894 동학 농민 운동이 일어나다. 청일 전쟁이 일어나고 갑오개혁을 실시하다.

개화당

임오군란이 끝나고 시끄러웠던 나라가 조용해졌지만 청의 간섭은 더욱 심해졌어. 관리가 되어 개화 정책을 추진하던 개화파들은 불안을 느꼈어. 청의 간섭으로 개화 정책이 제대로 진행되지 않는 것 같았거든. 그래서 개화에 힘쓰자는 목소리를 더욱 높였지. 이런 주장을 펼치던 김옥균, 박영효, 홍영식, 서광범 등은 스스로를 개화당이라 불렀어. 이들은 수신사나 그 일행으로 일본을 드나들며 자주 만나서 많은 얘기를 나누었기 때문에, 개화당이라는 이름으로 모일 수 있었다고 해. 이들은 일본이 빠르게 발전하면서 나라의 힘을 키우는 걸 보고 우리나라도 하루빨리 바뀌어야 한다는 생각을 했던 거야.

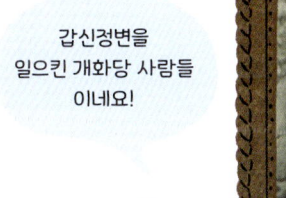
갑신정변을 일으킨 개화당 사람들이네요!

왼쪽부터 박영효, 서광범, 서재필, 김옥균의 모습이야. 모두 상투를 자르고 양복을 입고 있어. 단발령 이전인데도 머리를 짧게 깎은 걸 보니 놀랍지 않니?

우리나라 최초 신문! 《한성순보》

고종도 나라를 서둘러 바꾸어야 한다는 개화당의 주장에 찬성했어. 그래서 일본에 유학생을 파견하고, 최초의 신문인 《한성순보》를 발간했으며, 우편 사무를 보는 우정국을 만들었지. 또 한성 거리를 깨끗하게 가꾸게 하는 등 고종과 개화당은 개화를 위한 여러 가지 정책을 내놓고 열심히 추진했어.

그런데 군대를 끌고 들어와 나랏일에 간섭하는 청의 관리들, 그리고 그들과 가까이 지내는 명성 황후와 그 주변 사람들이 문제였어. 이들은 개화당을 도와주기는커녕 방해만 했어. 개화 정책을 펼치려면 돈이 필요했어. 그런데 나라 살림이 어려워 돈이 부족해지자 개화당은 일본 정부에게 돈을 빌리려 했지. 하지만 명성 황후는 대원군이 경복궁을 고칠 때처럼 돈을 새로 찍어 내려고만 했어. 청이 명성 황후를 도와 개화당을 방해하는 바람에 결국 일본은 돈을 빌려주지 않았어.

이런 상황 속에서 개화를 주장하는 사람들도 두 파로 나뉘기 시작했어. 하나는 개화당처럼 청의 간섭을 벗어나 일본의 속도 빠른 개혁을 쫓아가자고 하는 사람들이었어. 또 다른 하나는 청이 하는 조심스러운 개혁을 따라 익히며 천천히 개화하자는 사람들이었지. 개화당은 그런 생각을 가진 사람

들을 사대당이라고 불렀어. 사대당이란 큰 나라를 주인처럼 모시는 무리라는 뜻이야.

개화당 사람들은 아마 화도 나고 많이 초조했을 거야. 고종과는 가까이 지내며 도움을 받았지만 명성 황후는 방해를 하고, 같이 개화하자던 사람들 중에서 사대당이 자꾸 생겨나니 말이야. 그래서 자기들끼리 더욱 똘똘 뭉쳤던 거야.

3일 만에 무너진 꿈

개화당은 개화의 속도가 너무 느린 것을 걱정하며 자신들의 뜻을 이룰 방법이 없을지 고민했어. 드디어 기회가 찾아왔어. 개화당을 방해하고 나랏일에 간섭하던 청이 프랑스와 전쟁을 하게 된 거야. 서로 베트남을 차지하려고 벌인 전쟁이었지. 한성에 있던 청나라 군대 3000명의 절반인 1500명이 전쟁에 참가하기 위해 떠났어. 개화당은 이때가 기회라고 생각했어. 고종을 확실하게 자기편으로 만들고 반대편을 없앤 다음, 빠른 속도로 개화를 하려는 계획을 세웠어.

조선에 대한 청의 간섭을 못마땅하게 여기던 일본도 개화당을 돕겠다고 약속했어. 한성에 와 있던 일본 공사 다케조에가 큰소리를 쳤지. 일본 공사는, 지금이라면 일본을 대표하여 한국에 와 있는 일본 대사와 마찬가지야. 그러니까 개화당은 곧 일본이 자신들을 돕겠다는 것으로 생각했어. 개화당은 일본의 도움을 받고 고종을 설득하여 개화의 꿈을 이루려고 했던 거야.

마침내 그날이 왔어. 우편 사무를 보는 우정국이 처음으로 문을 연 기념으로 잔치가 열린 날이었지. 잔치가 한창이던 때에 갑자기 우정국 옆 초가

우리나라 최초의 근대식 우체국인 우정국이야. 여기에서 갑신정변이 시작되었어.

에서 '불이야!' 하는 소리가 났어. 명성 황후의 조카인 민영익이 무슨 일인지 알아보려고 나갔다가 칼에 맞은 채 돌아왔어. 순식간에 난리가 났지 뭐야. 김옥균은 계획대로 우정국을 빠져나와 박영효와 서광범을 데리고 일본 공사관에 들러 다시 한번 도와준다는 약속을 받았어. 그리고 곧바로 고종이 있는 창덕궁으로 달려갔어.

김옥균은 고종에게 일본군의 도움을 받아 얼른 몸을 피하라고 했어. 고종은 일본 공사가 데리고 온 군인들의 보호를 받으며 다른 궁으로 옮겼어. 그런 뒤에 개화당 사람들은 고종의 명을 받고 창덕궁으로 달려온 반대편 관리들을 없애 버렸지. 이때 명성 황후를 가까이 하던 관리들이 많이 죽었어. 이처럼 정치를 바꾸기 위해 군대 등의 힘을 빌려 반대파를 죽이고 가두는 사건을 정변이라고 해. 이 사건이 일어난 1884년이 갑신년이야. 그래서 개화당이 일으킨 이 사건을 갑신정변이라고 부른단다.

날이 밝자 하루 만에 개화당의 세상이 되었어. 개화당은 정부의 높은 관리들을 모조리 바꾸어 버렸지. 그런데 명성 황후는 청과 몰래 연락을 취하며 고종에게 창덕궁으로 돌아가자고 졸랐어. 창덕궁이 넓기 때문에 궁을 지키는 적은 수의 일본군을 청의 군대가 쉽게 물리칠 수 있을 거라고 생각한 거야. 이런 사실을 모르는 고종은 명성 황후의 말만 듣고 창덕궁으로 돌아가겠다고 했어. 김옥균이 반대했지만 일본 공사는 일본군이 충분히 막을 수 있다고 했어. 결국 고종은 창덕궁으로 돌아왔고 개화당은 청의 군대가 쳐들어올까 봐 조마조마했어.

정변이 일어나고 3일째 되는 날 오전, 개화당은 새로운 정책을 발표했어. 앞으로 나라를 이렇게 바꾸겠다고 하는 내용이었지. 고종도 찬성했어. 그런데 그날 오후, 개화당이 걱정했던 대로 청의 군대가 창덕궁을 공격하기 시작했어. 충분히 막을 수 있다고 큰소리치던 일본군은 청의 군대와 싸우기는커녕 일본 공사의 명령에 따라 재빨리 물러나 버리고 말았어. 일본군을 믿고 있던 개화당은 놀라 도망치기 바빴고, 그 와중에 홍영식이 죽고 말았지. 김옥균은 급히 일본 공사관으로 피해 있다가 다음 날 일본 공사와 함께 인천으로 도망쳤어. 며칠 뒤 김옥균, 박영효, 서광범, 서재필 등 살아남은 개화당 9명은 일본으로 몸을 피했어. 앞(36~37쪽)에서 보았던 사람들이 바로 김옥균을 비롯한 개화당 사람들이야. 갑신정변에 실패한 후 일본의 배를 타고 일본으로 도망을 쳤던 거야.

개화당이 일으킨 정변은 이렇게 3일 만에 끝나 버렸어. 딱 3일 동안만 개화당의 세상이었던 거야. 정변이 실패하자 나라는 거꾸로 가기 시작했어.

더 이상 개화 정책도 진행되지 않았어. 청은 조선을 감독한다며 위안스카이라는 관리를 보냈어. 나랏일에 청이 더욱 심하게 간섭하게 된 거야. 또 일본은 개화당을 돕는다고 했다가 배신했으면서도, 오히려 조선에 큰소리를 치며 일본에 사과하고 일본 공사관의 피해를 보상하라고 요구했어. 조선은 아무 말도 하지 못하고 들어주어야 했지. 청과 일본은 한성에 와 있던 군대를 돌려보내기는 했지만, 만약 조선에 무슨 일이 생겨서 군대를 다시 보내게 될 때는 서로에게 알리기로 약속했어.

개화당이 꿈꾼 나라

그럼 개화당은 어떤 나라를 만들고 싶어서 목숨까지 내놓고 정변을 일으켰을까? 개화당이 꿈꾸던 나라는 서양의 여러 나라들이나 일본, 중국이 앞서거니 뒤서거니 하면서 만들려고 했던 나라와 크게 다르지 않았어. 개화당은 다른 나라들은 나라를 바꾸기 위해 열심히 노력하고 있는데, 조선에서는 나라를 바꾸는 데 관심이 없거나 바꿀 필요가 없다고 생각하는 사람들이 높은 자리를 차지하고 있는 걸 참지 못했어. 그래서 정변을 일으켰던 거야.

그러면 개화당이 꿈꾸었던 나라의 모습을 살펴볼까?

그들이 발표한 문서에는 80개 정도의 주장이 실려 있었대. 그중에서 지금 우리가 알 수 있는 건 14개 정도야. 먼저 개화당은 청을 왕의 나라로 섬기는 것에 반대했어. 세상이 바뀌어 다른 나라들과는 서로 동등하게 조약을 맺으면서, 예전과 마찬가지로 청을 왕 모시듯이 해서는 안 된다는 거야. 그렇게 해서는 절대로 조선이 독립국이 될 수 없다고 보았지.

그다음에는 나라를 다스릴 때 임금보다는 신하들이 더 많은 힘을 갖고 일

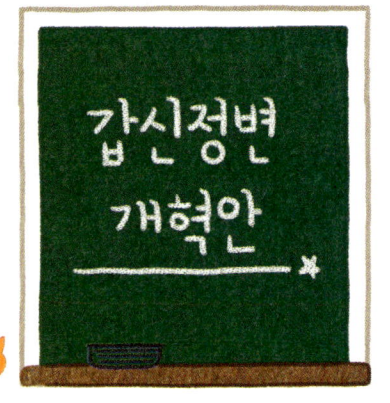

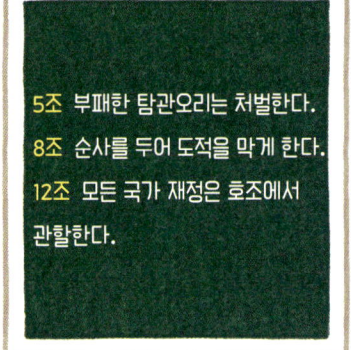

을 해야 한다고 주장했어. 임금이 나라를 대표하지만, 나라는 신하들이 서로 의논해서 다스려야 한다는 거야. 왕은 있지만 나라는 국민을 대표하는 의회가 다스리던 서양의 제도를 입헌 군주제라고 해. 그러니까 이 주장은 입헌 군주제를 조심스럽게 조선에 들여오려는 생각에서 나온 것이라고 할 수 있어. 또 나라의 돈을 호조에서 맡아 관리하도록 하고, 다른 나라들처럼 나라에서 쓸 돈을 미리 계산하고 준비하는 예산 제도를 마련할 것을 주장했어. 세금을 매기고 거두는 법도 고칠 생각이었지.

　개화당은 사람은 누구나 똑같은 권리를 갖고 태어났으니 똑같이 대해야 한다고 주장했어. 양반이냐 노비냐에 따라 차별하지 않는 세상을 꿈꾸었던 거야. 이런 생각에서 나라에서 관리를 뽑을 때에도 신분에 상관없이 똑똑한 사람을 널리 찾아 뽑아야 한다고 주장했어.

개화당이 만들고 싶었던 나라는 그때 사람들이 꿈꾸던 새로운 나라의 모습과 크게 다르지 않았어. 김옥균은 전국 곳곳에서 농민들이 바로잡기를 요구했던 세금 제도를 바꾸고, 신분으로 차별받지 않는 세상을 만들려고 했어. 하지만 힘이 약한 개화당이 급한 마음에 정변을 일으켰다가 3일 만에 끝나는 바람에 새로운 세상을 향한 사람들의 기대도 한참 동안 접어야 했어.

쟁점 토론

평범한 사람들은 갑신정변에 찬성했나요? 반대했나요?

김옥균을 비롯한 개화당 사람들은 일본의 발전을 모델로 해서 조선을 개혁하려고 했어. 그래서 일본의 힘을 빌려 갑신정변을 일으켰지. 이에 대해 평범한 사람들은 어떻게 생각했을까?

찬성하는 사람들은 다음과 같이 주장했어.

난 찬성이야! 그들이 내세운 정책을 보면 우리들이 원하는 나라를 만들려고 했다는 것을 알 수 있어. 신분 차별 없이 살고, 공정하게 세금을 내고, 관리들의 부정부패가 없는 나라를 만들려고 했다고!

반대하는 사람들은 다음과 같이 주장했지.

난 반대야! 그들의 주장이 옳기는 하지만, 스스로의 힘으로 이루려는 게 아니라 일본의 힘을 빌려 나라를 개혁하려고 했어. 수단이 잘못됐다고 생각해!

어떻게 생각해? 이루려고 하는 목적이 옳으면 일본의 힘을 빌려도 괜찮은 걸까? 아니면 목적이 좋아도 수단이 나쁘면 안 되는 걸까?

후아아! 정말 어려운 얘기네요!

생각 넓히기

 **생각해 보기**

1 1884년 김옥균, 박영효, 홍영식, 서광범 등의 개화파는 갑신정변을 일으켰어. 이들 개화파가 갑신정변을 일으킨 이유가 무엇인지, 또 이들은 어떤 나라를 만들려고 했는지 생각해 보자.

_____

_____

_____

 **활동해 보기**

2 다음은 갑신정변이 일어났을 당시에 사람들이 나눈 대화를 가상으로 만든 거야. 나라면 어떤 내용의 의견을 올렸을지 자신의 생각을 써 보자.

← 조선을 사랑하는 사람들의 모임♡

 며칠 전에 우정국에서 불이 나고 난리가 났었다고 하네.

 김옥균 등 개화파가 여러 가지 개혁을 한다고 정변을 일으킨 거래.

 야, 대단한 사람들이군. 박수를 쳐 주고 싶네!

 어허, 박수라니? 나라가 혼란스러운데…!

 그래도 우리나라를 살 만한 나라로 만들기 위해 벌인 일이잖아?

 아직 힘도 약한데 너무 성급하게 행동한 것 같아!

 그 얘기는 나중에 하기로 하고, 개화파가 주장한 내용 중에 마음에 드는 내용은 없는가? 있다면 그 이유와 함께 하나씩 적어 보게.

# 4장 동학 농민 운동

여기는 1894년 전라북도에 있는 전주성이야. 무슨 일인지 사람들이 환호하며 농민군을 맞이하고 있어. 농민군에는 여성들도 있네. 사람들이 음식을 들고 나와 대접하는 모습도 보여. 왜 사람들은 성문을 열고 농민군을 맞이하고 있는 걸까?

질문 있어요!

저기, 궁금한 게 있어요!

무엇이든 물어보세요!

우리 농민군이 쉽게 전주성을 차지한 것은 무엇 때문인가요? 물론 피해가 있었지만 너무 쉽게 차지한 것 같아서요. 성안에 있던 사람들이 성문을 열고 우리를 환영했다니까요!

그건 백성들이 제대로 나라를 다스리지 못한 정부보다는 농민군을 더 좋아했기 때문이지요. 높은 관리들과 군인들이 자기 목숨 지키겠다고 도망치니까, 남아 있던 사람들이 농민군을 환영했던 거예요!

그 사람들도 새로운 세상에 대한 기대가 우리와 같았던 거군요.

나라를 제대로 다스리지 못하고 외세에 굴복하는 정부보다는 새로운 세상을 세우겠다는 농민군의 구장이 사람들에게는 더 와닿았던 것 같아!

1876 일본과 강화도 조약을 맺다.

1882 임오군란이 일어나다.

1884 개화파, 갑신정변을 일으키다.

1894 동학 농민 운동이 일어나다. 청일 전쟁이 일어나고 갑오개혁을 실시하다.

백산에서 일어난 농민군

갑신정변이 일어나고 10년이 지난 1894년, 조선에서는 큰 사건이 일어났어. 바로 동학 농민 운동이 일어난 거야. 동학 농민 운동은 전봉준이 이끄는 농민군이 안으로는 못된 관리들을 몰아내 나라를 바로잡고, 밖으로는 일본을 비롯한 외국 세력을 물리치려고 일으킨 운동이었어.

그런데 왜 동학 농민 운동이라고 했을까? 동학은 서양에서 들어온 서학에 맞서 우리나라 사람들이 의지할 종교가 필요해서 최제우가 만든 종교야. 그런데 이 운동에 참여한 사람들 중에 동학을 믿는 사람들이 많았어. 또한 동학이 갖고 있는 평등사상이 이 운동의 중요한 정신적 바탕이 되었지. 그래서 동학이라는 이름이 붙은 거야. 양반과 상놈의 구분을 없애고, 노비나 백정 같은 천민이나 여성과 어린이도 사람으로 받들어 모시자는 평등사상이 동학의 가장 중요한 가르침이었거든. 그리고 농민 운동이라고 부른 건 수많은 농민들이 이 운동에 스스로 참여했기 때문이야. 안팎으로 나라가 혼란스러운데도 정부나 관리들이 제 역할을 하지 못하자, 보다 못한 농민들이 나라를 바로잡기 위해 들고일어난 거지.

그 당시에는 몇몇 집안이 권력을 잡고 멋대로 나라를 다스리고 있었어. 일본이나 청의 간섭이 날로 심해지고, 외국 상인들이 횡포를 부려도 이를 감독할 수 있는 능력이 없었어. 관리들은 재물을 차지하기 위해 온갖 방법으로 농민들을 괴롭혔어. 열심히 농사지어 얻은 쌀에 이런저런 세금을 붙여

빼앗아 갔지. 결국 참지 못한 농민들은 크고 작은 봉기를 일으켰어. 마을마다 농민들이 모여 수령에게 달려가 혼을 내거나 세금을 제대로 걷으라고 요구했어. 민란이 일어나지 않은 마을이 없다는 말이 나올 정도로 농민들은 자신들의 요구를 들어 달라며 일어섰어. 이제 곧 큰 난리가 일어날 거라고 생각하는 사람들이 늘어 갔어. 나라를 바로잡으려는 꿈을 갖고 때를 기다리는 사람들도 점차 많아졌어.

동학의 힘이 커지자 동학을 믿는 사람들은 세상을 어지럽힌다는 죄목으로 억울하게 죽은 최제우를 용서해 달라고 요구하는 집회를 열었어. 충청도 보은과 전라도 금구에서 집회를 열었는데, 동학을 믿는 사람은 물론 일반 농민들까지 수만 명이 몰려들었지. 여기에서 나라를 바로잡고 일본과 서양을 물리쳐야 한다는 주장이 나왔어. 이를 보고 전봉준을 비롯한 동학 지도자들은 이제 나라를 바꾸고자 하는 꿈을 이룰 때가 왔다고 생각했어.

마침내 겨울이 끝나 갈 무렵에 사건이 시작되었어. 전라도 고부에서 수령이 못살게 구는 것을 참다못한 농민들이 관청을 점령하는 사건이 일어났어. 이 봉기를 이끌었던 전봉준은 봄이 되자 대대적인 봉기를 일으키기로 했어. 전봉준은 '백성을 구하고 나라를 튼튼히 하기 위해, 안으로는 못된 관리를 물리치고 밖으로는 외적을 몰아내려 한다.'는 내용의 편지를 사방에 보내, 고부에서 멀지 않은 백산으로 모이라고 호소했지.

진달래가 흐드러지게 핀 1894년 봄, 하얀 머리띠를 두르고 대나무로 만든 죽창을 든 농민들이 백산에 모여들었어. 전라북도 부안에 있는 백산은 높이가 47m밖에 안 되는 나지막한 산이지만 꼭대기에 서면 사방 들판이 한눈에 들어오는 곳이야. 여기에 농민들이 몰려들었고, 이들이 서 있으면 산이 하얗게 보이고 앉으면 손에 쥔 죽창이 숲을 이룬다고 해서 '서면 백산, 앉으면 죽산'이라는 말이 생겨났단다.

백산에 모인 농민들은 부대를 만들고 전봉준을 대장으로 받들었어. 농민군이 된 거야. 농민군은 '귀신처럼 나타났다 사라지는 재주가 있고, 바람을 타고 구름을 부리는 묘기가 있으며, 천하의 장사요 세상에 다시없는 영웅'이라며 전봉준을 철석같이 믿었어.

동학 농민 운동

전봉준은 농민군이 지켜야 할 4가지 행동 강령을 발표했어.

> 첫째, 사람을 함부로 죽이지 말고 가축을 잡아먹지 말라.
> 둘째, 충효를 다하여 세상을 구하고 백성을 편안하게 하라.
> 셋째, 일본과 서양을 몰아내고 나라 정치를 바로잡는다.
> 넷째, 군대를 몰아 한성으로 쳐들어가 권세가와 귀족을 모두 없앤다.

행동 강령을 보면 농민군이 한성으로 쳐들어가 못된 정치가들과 일본을 쫓아내려는 꿈을 가지고 있었다는 걸 알 수 있겠지? 만여 명의 농민군이 백산을 떠나 전라도를 다스리는 감영이 있는 전주로 향했어. 동학 농민 운동이 본격적으로 시작된 거야.

나라를 바꾸기 위해 일어서다

'나라에 보탬이 되고 백성을 편안하게 한다.'는 뜻을 가진 '보국안민'의 깃발을 앞세운 농민군은 정읍에 있는 황토현이란 곳에서 정부군과 싸워 승리를 거뒀어. 정부군은 농민군이 모두 나무껍질만 먹고 계곡의 물로 배를 채워 당장 내일은 걷지도 못할 것이라고 얕잡아 보았대. 방심한 군인들이 흥청망청 술을 마신 뒤 잠이 들자 이 틈을 노린 농민군이 공격하여 크게 이긴 거야. 사실 농민군은 굶지 않았어. 사람들은 정부군보다 농민군을 더 반겼어. 농민군에게는 먹을거리를 풍족하게 내놓았지만, 정부군에게는 쌀 한 톨도 주지 않으며 나라에 성난 마음을 드러냈지. '정부군은 뱀을 본 듯 싫어하고, 농민군은 스승을 만난 듯 좋아했다.'는 기록도 있단다.

농민군이 전주성 앞에 도착하자, 사람들이 구름처럼 몰려나와 환영했어.

성문도 저절로 열렸지. 요즘 도지사에 해당하는 감사는 물론 높은 벼슬아치들은 이미 도망가고 없었어. 관청에서 허드렛일을 하던 사람들이 문을 열어 준 거야. 그래서 앞(48~49쪽)에서 본 것처럼 농민군은 피 한 방울 흘리지 않고 전주성을 차지하게 된 거란다. 성을 차지한 농민군은 먼저 억울하게 갇힌 죄수들을 풀어 주었어.

이렇게 되자 조선 정부는 마음이 급해졌어. 그래서 청나라에 군대를 보내 달라고 부탁까지 했지. 그리고 전주성에 군대를 보내 성을 둘러싼 뒤 농민군에게 더 이상 싸우지 말자는 뜻을 전했어. 농민군은 정부의 뜻을 받아들여 전주에서 평화 조약인 전주 화약을 맺었어. 농민군은 왜 더 이상 싸우지 않았을까? 농민들이 바쁜 농사철을 맞아 고향으로 돌아가길 원했기 때문이야. 또 정부군이 성을 둘러싸고 있어 식량을 구하기도 어려웠어. 이때 농민군이 식량을 아끼려고 몇 가지 채소를 밥과 버무려 먹었는데, 이것이 지금 유명한 전주비빔밥의 시작이라는 얘기도 있지. 전봉준 대장이 머리와 다리

여기가 백성들이 문을 열고 동학 농민군을 환영한 전주성의 남문인 풍남문이야.

를 심하게 다친 것도 농민군이 정부와 평화를 약속한 이유이기도 해.

화약을 맺은 뒤 농민군은 전라도 각지로 흩어져 집강소를 차렸어. 집강소란 '집강'이라 불리는 농민군 지도자가 수령과 함께 마을을 다스리기 위해 만든 곳이야. 집강소에서 농민군은 나라를 바로잡기 위해 만든 개혁안을 몸소 실천해 나갔어. '폐정 개혁 12개조'라고 불리는 개혁안에는 나쁜 관리를 쫓아내고, 함부로 구는 부자와 양심 없는 양반을 벌주고, 노비를 없애고 천민을 사람으로 대우하자는 내용이 담겨 있어. 또 남편이 일찍 죽은 여자가 재혼할 수 있도록 하고 쓸데없는 세금을 없애자는 등의 내용도 담겨 있었지. 집강소 활동을 하면서 농민들은 세상이 달라지고 있다는 것을 느꼈어. 농민들도 양반이나 관리들과 똑같이 마을을 다스리는 데 참여할 수 있다는 것을 깨달은 거야.

폐정 개혁 12개조

1. 동학 교인과 정부는 원한을 씻고 서로 협력한다.
2. 탐관오리는 그 죄를 조사하여 엄벌에 처한다.
3. 횡포한 부호들을 엄벌에 처한다.
4. 불량한 유림과 양반들을 징계한다.
5. 노비 문서는 불태워 버린다.
6. 천인의 대우를 개선하고 백정이 쓰는 모자는 없앤다.
7. 젊은 과부의 재혼을 허락한다.
8. 규정에 없는 세금은 거두지 않는다.
9. 관리를 채용할 때 문벌을 타파하고 인재를 등용한다.
10. 왜와 내통하는 자는 엄벌에 처한다.
11. 공사채를 포함하여 이전의 빚은 모두 무효로 한다.
12. 토지를 균등하게 나누어 경작하게 한다.

농민군은 부자와 가난한 자, 양반과 상놈의 차별을 없애는 데 가장 힘을 기울였어. 서로 맞절을 하며 공경하고 평등하게 대하려고 노력했대. 여름을 지나 가을로 접어들 무렵에는 농민의 힘으로 평등한 세상을 만들자는 꿈도 익어 가는 듯했어.

망할 위기에 처한 나라

1894년 가을에는 풍년이 들었지만 농민군이 꿈꾸었던 평등한 세상이 이루어지지는 않았어. 오히려 나라가 망하지 않을까 걱정할 만큼 큰일이 일어났지. 나라를 위기에 빠뜨린 것은 바로 정부였어. 농민군이 전주성을 차지하자 정부가 청에 군대를 보내 달라고 부탁했던 것 기억나지? 청에서는 2천 8백 명의 군대를 보냈어. 그런데 요청도 받지 않은 일본도 군대를 보냈어. 그것은 갑신정변이 끝나고 청과 일본이, 한쪽이 조선에 군대를 보내면 다른 쪽도 보낸다는 약속을 했기 때문이야. 일본은 이 약속을 핑계로 청나라 군대의 3배나 되는 8천여 명의 군대를 바다와 육지로 나누어 보낸 거야. 전주에서 농민군과 평화 조약을 맺은 조선 정부는 사태가 해결되었기 때문에 청

조선에 상륙한 청군(왼쪽)과 일본군(오른쪽)

군과 일본군에게 물러날 것을 요구했지. 그렇지만 두 나라 군대 모두 순순히 물러나지 않았어.

일본은 재빠르게 군대를 동원하여 경복궁을 점령하고 고종에게 일본과 손을 잡고 나라를 개혁하라고 강요했어. 고종이 이를 받아들이면서 일본과 뜻이 맞는 관리들이 중심이 되어 개혁에 나섰지. 이를 갑오개혁이라고 불러. 갑오개혁에 대해서는 나중에 다시 얘기해 줄게. 이렇게 해서 조선 정부를 장악한 일본은 곧바로 청을 공격했어. 이것이 청일 전쟁이야. 청과 일본이 남의 나라 땅인 조선에서 전쟁을 벌인 거야.

일본군이 임금이 살고 있는 경복궁을 점령한 사건에 사람들은 큰 충격을 받았어. 곧 나라를 잃을지도 모른다는 걱정에 휩싸였지. 그러자 다시 농민

동학 농민 운동의 전개

동학 농민 운동은 2차에 걸쳐 일어났어.
1차 운동은 고부에서 시작하여 전라도 지역을 점령한 뒤에 전주성을 점령하면서 끝이 났지.
2차 운동은 삼례와 보은에서 시작하여 논산을 거쳐 공주로 진격했지만, 우금치 전투에서 패하면서 끝나고 말았어.

→ 1차 동학 농민군의 진로
→ 2차 동학 농민군의 진로
★ 격전지

군이 움직이기 시작했어. 전봉준도 다시 일어설 마음을 굳혔어. 나라를 바로잡는 것보다 먼저 나라를 구하기 위해서였어. 청일 전쟁에서 일본이 이길 것이 확실해지고 있었거든. 농민군은 집강소에서 일하며 힘을 키웠어. 마침 추수기를 맞아 식량도 충분했지. 전봉준은 다시 봉기하기 위해 서울로 가는 길목에 있는 전라도 삼례에서 준비를 시작했어. 우선 식량과 무기를 부지런히 모았어. 아주 반가운 소식도 있었어. 그동안 농민군에 협조하지 않았던 동학 지도자 최시형이 나라를 구하는 일이라면 함께 싸우겠다는 뜻을 전해 왔어. 농민군은 기뻐하며 더욱 준비를 서둘렀어. 화약을 만들고 죽창을 다듬고 옷을 짓는 등 분주하게 준비를 했지. 삼례는 몰려드는 농민군으로 북적거렸어.

나라를 구하기 위해 일어서다

마침내 농민군은 전봉준의 지휘 아래 삼례를 출발했어. 충청도 논산에 도착했을 때, 농민군의 수는 크게 늘어났어. 한편 최시형이 보낸 농민군은 보은에 모여 있었어. 이들을 이끈 지도자는 손병희였지. 손병희가 이끄는 농민군도 논산으로 왔어. 전봉준과 손병희는 논산에 농민군의 총본부를 세웠어. 둘은 같은 밥상에서 밥을 먹고 같은 천막에서 잠을 자는 등 모든 생활을 함께하며 결의를 다졌다고 해.

농민군이 다시 일어섰다는 소식에 반응은 다양했어. 세상이 뒤집어졌다며 피난을 가는 사람도 있었어. 농민군이 금강을 건너 수원까지 왔다는 둥 확인되지 않은 소문들도 떠돌아다녔지. 정부도 깜짝 놀라 우왕좌왕했어. 그런데 문제는 이제 군사를 지휘할 권한이 정부에 없다는 거였어. 일본군이 경복궁을 점령했을 때, 군사 지휘권을 일본에 넘겨주었거든. 정부군은 일본군과 함께 일본의 지휘를 받으며 농민군과의 전쟁에 나서야 했어. 일본군 2천여 명과 정부군 3천 2백여 명이 농민군이 있는 충청도를 향해 출발했어. 정말 믿기 어려운 일이지? 농민군이 나라를 구하려고 일어났는데, 정부군은 일본군과 한편이 되어 농민군과 전쟁을 하려고 한다니 말이야. 전봉준은 충청도 감사에게 나라를 구하기 위해 함께 죽을 각오로 싸우자는 내용의 편지를 보냈어. 여기에는 정부에 대한 원망이 잘 나타나 있어.

> 일본이란 도둑이 군대를 움직여 우리 임금을 핍박하고 우리 백성에게 걱정을 끼치니 어찌 참을 수 있는가? 지금 정부 관리들은 자신의 안전을 위하여 위로는 임금을 협박하고 아래로는 인민을 속이고 있다. 일본 군대와 손을 잡아 인민들의 원한을 사고 임금의 군사를 움직여 힘없는 백성을 해치려 하니, 정말 무슨 생각으로 무슨 짓을 하려는 것인가?

당시 충청도 감사는 박제순이란 사람이었어. 나중에 일본과 을사조약을 맺을 때 앞장섰기 때문에 '나라를 팔아먹었다'는 비판을 들었지. 그는 전봉준의 호소를 무시하고 '도적떼가 날뛰고 있다.'고 정부에 보고했어.

농민군이 일본군과 정부군의 연합군을 맞아 싸운 곳은 공주였어. 처음엔 농민군도 밀리지 않고 잘 싸웠어. 하지만 시간은 연합군의 편이었어. 총과 대포를 앞세운 연합군에게 농민군은 점차 밀리기 시작했어. 가장 치열했던 전투는 우금치란 고개에서 벌어졌는데 농민군은 정말 처참하게 지고 말았어. 1만여 명의 농민군 중 5백여 명만이 살아남았을 정도였지. 시체는 산처럼 쌓였고 추수 끝난 들녘은 붉은 피로 물들었어.

나라를 구하려는 마음으로 공주를 거쳐 한성으로 진격하려던 농민군의 꿈은 이렇게 물거품이 되고 말았어. 무기만 비교해도 싸움의 결말은 이미 충분히 예상할 수 있을 거야. 만약 일본군이 끼어들지 않았다면, 농민군은 과연 한성까지 쳐들어갈 수 있었을까? 이런 상상은 의미가 없을지도 모르

이 탑은 이름 없이 죽어 간 동학 농민군을 추모하기 위해, 전북 정읍시 고부면 녹두회관 앞에 세운 무명 동학 농민군 위령탑이야.

지만, 나라를 구하려는 농민군을 정부가 일본과 손을 잡고 진압했다는 것은 참으로 가슴 아프고 화가 치미는 일이야. 그렇기 때문에 이기기 어렵다는 것을 알면서도 나라를 위해 기꺼이 목숨을 바친 농민군의 희생이 더욱 높아 보이는 것 아닐까? 농민군은 비록 졌지만, 농민군이 바라던 세상을 만들고자 하는 사람들은 더욱 많아졌어.

인물 탐구

동학 농민군의 대장인 전봉준은 어떤 사람이었나요?

전봉준은 35살 무렵에 동학 교인이 된 뒤 세상을 바꾸기 위해 농민 운동을 일으켰어. 사람을 조직하고 이끄는 데 뛰어난 능력을 보이면서 농민군을 이끄는 지도자가 되었지.

그를 만났던 한 일본인이 전하는 그의 모습이야.

전봉준은 평생 말을 많이 하지 않았고, 집에서는 효도를 다했으며 아내를 사랑하여 집안 분위기는 늘 따스했다. 마을의 어린이들을 모아 가르쳤으며 사방에서 찾아오는 손님이 줄을 이었다. 손님이 오면 툇마루에 나와 모셨고, 집안이나 신분의 높고 낮음으로 차별하지 않았다.

동학 농민 운동을 이끌던 전봉준은 부하의 배신으로 체포되어 사형을 당했어. 하지만 그는 죽을 때도 당당했다고 해.

"올바른 도를 위해 죽는 것은 조금도 원통하지 않으나, 오직 역적의 누명을 쓰고 죽는 것이 원통하다!"

"전봉준은 의연하게 죽음을 맞이하였지만, 사람들은 너무나 애달파했어. 그래서 그를 녹두 장군이라 부르며 존경하는 마음을 드러냈고, 노래를 만들어 그의 죽음을 안타까워했어."

새야 새야 파랑새야
녹두밭에 앉지 마라
녹두꽃이 떨어지면
청포 장수 울고 간다

 **생각 넓히기**

1   생각해 보기

동학 농민 운동이 일어나자 조선 정부는 동학 농민군을 진압하기 위해 청에 군대를 보내 달라고 요청했어. 정부는 왜 청에 군대를 보내 달라고 요청했을까? 또 이러한 정부의 요청을 어떻게 생각하는지도 써 보자.

_____

_____

_____

2 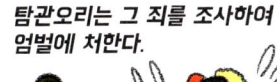 활동해 보기

다음은 동학 농민군이 주장한 12개조의 개혁안 중 일부 내용이야. 이것을 보고 당시에 동학 농민군은 어떤 사회를 만들고 싶어 했는지 생각하여 써 보자.

탐관오리는 그 죄를 조사하여 엄벌에 처한다.

노비 문서는 불태워 버린다.

젊은 과부의 재혼을 허락한다.

규정에 없는 세금은 거두지 않는다.

관리를 채용할 때 문벌을 타파하고 인재를 등용한다.

토지를 균등하게 나누어 경작하게 한다.

5장 청일 전쟁과 갑오개혁

여기는 1894년 조선의 왕궁인 경복궁이야. 일본 군인들이 경복궁을 지키고 있어. 경복궁이 점령된 것 같아. 어째서 일본의 군인들이 조선에 들어왔고, 무엇 때문에 조선의 왕이 살고 있는 경복궁을 점령한 걸까?

질문 있어요!

저기, 궁금한 게 있어요!

무엇이든 물어보세요! 하이!

척척척

너도가!

그런데 우리 일본이 왜 경복궁을 점령한 거지요? 나야 뭐 대장님이 시키는 대로 한 거라 사정을 잘 모르겠어요. 농민군과 싸우려고 왔는데 화약이 맺어졌으니 더 있을 필요도 없고, 이제 집으로 돌아가고 싶은데…!

그건 일본이 조선을 차지하려고 그런 거예요. 또 청나라와 전쟁을 벌이기 위한 준비이기도 하고요.

욕심

내 거야!

청나라와 전쟁을 벌인다고요? 하, 이것 참 큰일이네!

조선을 차지하려는 일본의 욕심 때문에 조선에는 전쟁의 그림자가 드리우게 되었어.

듣나?

1894 — 청일 전쟁이 일어나고 갑오개혁을 실시하다.

1896 — 독립 협회가 설립되다.

1897 — 대한 제국을 수립하다.

1910 — 한일 병합 조약으로 대한 제국이 망하다.

조선 땅에서 청과 일본이 전쟁을 벌이다

갑신정변이 끝나고 동학 농민 운동이 일어날 때까지 10년 동안 청과 일본의 사이는 겉으로 보기에 나쁘지 않았어. 하지만 안으로는 군인의 수와 무기를 늘리고 군함을 만들면서 서로 경쟁하고 있었지. 무엇보다 조선을 먼저 차지하려 서로 경쟁하고 있었던 거야. 그런데 동학 농민 운동이 일어나 조선 정부가 청에 군대를 보내 달라고 요청하자, 청은 물론 일본까지 군대를 보냈어. 청과 일본의 군대가 조선에 들어올 무렵 동학 농민군은 정부와 더 이상 싸우지 않고 전주에서 화약을 맺었어. 이제 청과 일본 군대가 조선에 있을 이유가 없어진 거야.

하지만 조선을 차지하려 기회를 엿보던 일본은 물러나기는커녕 청한테 힘을 합쳐 조선을 새롭게 바꾸자고 요구했어. 물론 그때까지 조선에서 일본보다 더 큰 힘을 갖고 있던 청이 그 말을 들을 리가 없었지. 일본은 청이 반대하면 혼자라도 하겠다며 나섰어. 사실 조선을 바꾸자는 일본의 요구는 조선을 지배하고 청과 전쟁을 벌이기 위한 구실에 불과했어. 일본은 바로 조선 정부에 나라를 이렇게 바꾸라는 내용을 담은 개혁안을 전달했어. 그리고 만약 이를 거절하면 군대를 이끌고 경복궁으로 쳐들어갈 거라고 협박했지. 조선 정부가 이 개혁안을 거부하자, 정말로 일본은 군대를 앞세워 경복궁을 점령했어. 앞(64~65쪽)에서 보았던 일본군의 경복궁 점령은 이렇게 해서 일어난 거야. 경복궁을 점령한 일본은 곧바로 고종에게 자기들의 뜻대로 개혁을 하라고 압력을 넣었어.

조선 정부를 장악한 일본은 청과 전쟁을 시작했어. 충청도에 있던 청군을 공격하고, 경기도에 있는 풍도라는 섬 근처 바다에서는 청의 군함을 공격했지. 경복궁을 점령하고 있던 일본은 고종과 조선 정부에 압력을 넣어 전쟁에 필요한 식량과 노동력을 얻어 냈어. 일본군은 평양과 서해에서도 청군과 전투를 벌였는데 모두 승리했어. 일본군은 국경을 넘어 만주에서도 청군과 맞붙었고 여기서도 이겼어. 결국 청이 손을 들고 말았지. 청은 앞으로 조선에 대해 주인 노릇을 하지 말라는 일본의 요구를 받아들일 수밖에 없었어. 또 랴오둥반도와 타이완을 일본에 넘겨주었고 전쟁에서 지면 내야 하는 돈

인 배상금까지 물어야 했어.

청일 전쟁은 누가 조선을 손아귀에 쥐고 더 큰 힘을 쓰느냐를 놓고 일본과 청이 벌인 전쟁이었어. 일본이 이기면서 청은 완전히 힘을 잃고 물러났지. 이를 지켜보던 서양 여러 나라들은 청이 이제 종이호랑이에 불과하다는 걸 알게 되었어. 그래서 너도나도 청에 몰려들어 자기 나라에 이익이 되는 철도, 광산 등을 빼앗기 위해 경쟁을 벌였어. 그러면서 청나라는 더욱 힘을 잃게 되었단다.

법과 제도로 나라를 바꾸다

청일 전쟁을 일으키기 전에 일본이 경복궁을 점령하고 고종에게 개혁을 강요했다고 했지? 이렇게 해서 조선 정부가 나라를 바꾸기 위한 개혁을 시작하게 되었는데, 이걸 갑오개혁이라고 해. 동학 농민 운동이 일어나고 청일 전쟁이 발발한 1894년은 갑오년이었어. 갑오년에 이루어진 개혁이라 갑오개혁이라고 부르는 거야.

개화당이 일으킨 갑신정변이 실패로 끝나고 난 후에 나라를 바꾸려는 노력은 제대로 이루어지지 않았어. 결국 농민들이 나서서 동학 농민 운동을 통해 나라를 바꿀 것을 요구했지. 조선 정부는 더 이상 미룰 수 없다고 생각하여, 비록 일본의 강요에 의한 것이지만 개혁에 나섰어. 일본의 압력을 받은 조선 정부에 의해 갑오개혁이 시작된 거야. 갑오개혁은 평소에 조심스럽게 개화를 추진해야 한다고 주장해 온 김홍집이 지휘하게 되었어. 갑오개혁의 내용 중에는 개화파가 주장했던 것들과 동학 농민군이 요구했던 것들이 많이 들어 있어.

갑오개혁을 위해 제일 먼저 한 일은 개혁을 직접 추진할 관청을 만드는 거였어. 개혁을 위한 법을 만들게 될 관청 이름은 군국기무처였지. 3개월 동안 무려 41번의 회의를 하고 210건의 법을 만들었다고 해. 그때 살기 좋은 나라를 만드는 데 방해가 되는 제도들이 많이 없어졌어.

먼저 과거 제도가 없어졌어. 과거 제도는 시험을 치러 관리를 뽑던 제도인데, 주로 경전의 내용을 외우거나 글을 짓는 실력으로 사람을 뽑았어. 그러다 보니 일을 잘하는 사람을 뽑을 수 없었지. 과거 제도 대신에 신분과 상관없이 능력 있는 사람을 관리로 뽑을 수 있는 새로운 제도를 만들었어. 동학 농민군이 요구한 것처럼 노비 제도도 없앴어. 노비가 조선 시대에 천한 신분이었던 것은 알지? 노비 말고도 소나 돼지를 잡거나 가죽을 판다고 차별하던 백정 같은 천민 신분도 없앴지. 또 남편이 죽은 과부가 다시 결혼하는 것도 허락했고, 여성이 너무 어린 나이에 결혼하는 것도 못 하게 했어.

법이나 제도를 통해 세상을 바꾸는 경우가 있는데 이때가 바로 그랬어. 모든 사람이 법 앞에 평등하다는 걸 나라가 나서서 법으로 정한 게 갑오개혁 때니까 말이야.

갑오개혁을 이끌었던 김홍집과, 개혁 추진을 위해 설치된 군국기무처에서 관리들이 회의하는 모습이야.

갑오개혁의 주요 내용

- 과거 제도를 폐지하고 능력에 따라 관리를 뽑는다.
- 신분제를 폐지하고 양반·천민·상민의 구별을 없앤다.
- 세금은 법으로 정한 것만 걷고 그 이상은 걷지 않는다.
- 도량형을 통일하여 혼란을 없앤다.
- 어린 나이에 결혼하는 것을 금지하고 과부의 재혼을 허용한다.
- 총명한 젊은이들을 외국에 보내 기술과 학문을 배워 오게 한다.
- 백성을 함부로 가두거나 벌하지 않으며 백성의 생명과 재산을 보호한다.

그런데 청일 전쟁에서 이길 가능성이 높아지자 일본은 더욱 심하게 간섭하기 시작했어. 군국기무처를 없애고 일본이 요구하는 것들을 더 많이 반영하도록 했지. 일본이 요구한 개혁안은 조선 정부가 발표한 '홍범 14조'라는 문서에 들어 있어. '청에 의존하지 않고 자주독립의 기초를 세운다.'는 내용이 제일 먼저 나와. 조선에 대한 청의 간섭을 없애려는 일본의 의도가 엿보이지? 이때도 일본에 유학생을 파견하는 등 여러 가지 개혁 방안을 마련했지만, 일본에서 지원을 해 주지 않아 제대로 이루어진 것은 없었어.

왕비는 죽임을 당하고 왕은 피신하다

청일 전쟁에서 이긴 뒤 일본에게 마냥 좋은 일만 있었던 것은 아니야. 일본의 힘이 커지자 러시아와 프랑스, 독일이 일본에게 청으로부터 받은 랴오둥반도를 돌려주라고 강요했어. 이걸 삼국 간섭이라고 해. 세 나라가 간섭을 했다는 뜻이지. 이건 일본의 힘이 커지는 걸 막으려는 러시아가 프랑스와 독일을 끌여들여 벌인 일이야. 일본은 어쩔 수 없이 랴오둥반도를 돌려

주었어. 이 과정에서 러시아의 힘을 확인한 명성 황후는 러시아를 이용해서 일본을 몰아내려고 했어. 명성 황후는 고종과 자신의 권력을 빼앗아 간 일본을 싫어했거든.

명성 황후가 러시아를 끌어들여 일본을 견제하자, 일본은 일본 공사 미우라를 시켜 명성 황후를 죽이도록 했어. 일본이 조선을 차지하는 데 방해가 되는 명성 황후를 제거한 거야. 결국 한 나라의 왕비를 죽이는 엄청난 짓을 하고 만 거지. 그런 후에는 일본과 가까운 관리들을 내세워 일본이 요구하는 대로 개혁을 계속 추진하도록 했어.

이때 나라 이름을 조선에서 대조선국으로 바꾸고, 왕도 대군주로 바꿔 부르기로 했어. 이건 이제 조선 왕이 청 황제의 눈치를 보던 시대가 끝났다는 걸 의미해. 또 음력 대신에 양력을 쓰기로 하고, 소학교(지금의 초등학교에

명성 황후의 장례식 모습이야. 장례식은 명성 황후가 죽고 나서 2년이 지난 뒤에야 치를 수 있었어.

에이, 나쁜 놈들!

해당)의 문을 열기 위한 법을 만드는 등 짧은 기간 동안 140여 개의 개혁안을 만들었지. 하지만 왕비가 죽임을 당한 사건에 화가 난 사람들을 개혁으로 달랠 수는 없었어. 이 사건을 일으킨 것이 일본이라는 사실이 알려지면서 사람들은 일본에 대해 엄청나게 분노했어. 더구나 김홍집이 이끌던 조선 정부가 단발령을 발표하고 강제로 상투를 자르려고 하여 사람들을 더욱 화나게 만들었지. 이에 유생들은 '일본을 몰아내고 명성 황후의 원수를 갚자.'며 의병을 일으키기도 했단다.

이렇게 나라가 시끄러운 가운데 또 깜짝 놀랄 만한 사건이 일어났어. 고종이 새벽에 몰래 궁전을 빠져나와 러시아 공사관으로 몸을 피한 거야. 명성 황후가 일본 사람들에 의해서 목숨을 잃은 후에, 고종은 자기도 언제 죽임을 당할지 몰라 무서워했어. 궁전에 쳐들어와 왕비를 죽인 일본이 왕이라고 죽이지 말라는 법은 없으니까 말이야. 그래서 감시가 소홀한 틈을 타서 러시아 공사관으로 피신한 거야. 러시아가 일본으로부터 자신을 보호해 줄 거라고 생각한 거지. 고종이 러시아 공사관으로 피신하면서 개혁을 이끌던

여기가 고종이 피신한 러시아 공사관이야.

가지 마!

친일 관리들이 물러나고 새로운 관리들이 들어왔어. 이 와중에 갑오개혁을 이끌었던 김홍집이 사람들에게 맞아 죽는 일도 있었어. 이렇게 해서 개혁은 멈추게 되었지. 비록 일본의 강요에 의한 것이지만 나라를 바꾸려는 개혁의 노력이 여러 가지 사건과 얽혀서 제대로 열매를 맺지 못한 건 참 불행하고 가슴 아픈 일이야.

쟁점 토론 — 단발령은 정말 실시할 필요가 있었나요?

갑오개혁을 추진하면서 나라에서는 단발령을 발표하고 강제로 남자들의 상투를 자르려고 했어. 사람들이 반대하는데도 나라에서 단발령을 실시한 이유는 무엇일까? 나라에서는 다음과 같은 주장을 내세웠어.

상투는 말총으로 엮은 그물로 머리를 꽉 동여매서 두통을 일으킨다. 우리도 남에게 잡히기 쉬운 상투를 없애고, 세계 모든 사람들과 같이 머리부터 우선 자유롭게 할 필요가 있다. 이제 위생적이고 일하기에도 편하게 상투를 잘라 단발을 해서, 낡은 습관을 버리고 새로운 시대로 다 함께 나아가야 한다.

하지만 단발령에 반발하여 일어난 의병들은 다음과 같이 주장했지.

단발은 고종 황제의 뜻이 아닙니다. 고종도 강제로 단발을 당했습니다. 우리는 예로부터 머리카락을 아끼는 것을 큰일로 여겼습니다. 이 훌륭한 풍속을 버려서는 안 됩니다. 이는 부모에게 물려받은 신체를 함부로 다루어서는 안 된다는 공자님의 가르침에도 어긋납니다.

갑오개혁 때 많은 제도들이 변하고 또 새로 생겨났어. 그 많은 변화 중에 사람들이 가장 크게 반발한 것이 단발령이었지. 다른 나라 사람들처럼 머리를 짧게 잘라야 한다는 의견과 우리의 전통을 지켜야 한다는 의견이 충돌한 거야. 이에 대해 어떻게 생각해?

자기가 하고 싶은 대로 하면 안 되나요?

생각 넓히기

1 생각해 보기

1894년 일본은 경복궁을 점령하고 고종에게 개혁을 강요했어. 이에 따라 조선 정부는 나라를 바꾸기 위해 갑오개혁을 시작했지. 일본은 자신들이 요구하는 대로 개혁 정책을 펼치도록 간섭했어. 일본의 강요에 의한 갑오개혁 대해 어떻게 생각하는지 자신의 생각을 써 보자.

_____
_____
_____

2 활동해 보기

명성 황후가 일본 사람들에 의해 목숨을 잃은 뒤에 고종은 무서워졌어. 그래서 일본의 감시가 소홀한 틈을 타서 러시아 공사관으로 몸을 피했어. 고종의 이러한 행동에 대해 당시 사람들은 어떻게 생각했을까? 고종을 비난하는 사람들도 있었고, 이해하는 사람들도 있었어. 두 가지 입장의 근거를 생각해 보고, 나는 어떻게 생각하는지 써 보자.

고종의 행동을 비난하는 이유

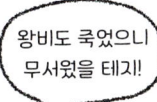
왕이 나라는 돌보지 않고 몸을 피하다니, 쯧쯧쯧!

왕비도 죽었으니 무서웠을 테지!

고종의 행동을 이해하는 이유

나의 생각은?

_____
_____
_____

6장 독립 협회

여기는 1898년 한성의 종로 거리야. 어마어마하게 많은 사람들이 모여 있네.
마치 광화문 광장에서 벌어지는 집회 현장 같아. 무슨 일로 이렇게 많은 사람들이 모여 있는 걸까?
이 사람들은 무엇을 바라고, 또 무슨 이야기들을 하는 걸까?

질문 있어요!

저기, 궁금한 게 있어요!

무엇이든 물어보세요!

이게 과연 성공할 수 있을까요?

이렇게 모여서 얘기한다고 나라에서 우리 요구를 들어줄까요?

러시아 놈들은 나랏일에 간섭하지 말고 어서 물러나라고 하기는 했는데, 과연 성공할지 모르겠어요!

많은 사람들이 모여서 한목소리를 냈으니 성공할 수 있을 거예요!

그렇게 되면 정말 좋겠는데…!

독립 협회의 주도로 열린 만민 공동회에 모인 사람들조차도 성공을 확신할 수 없었어. 하지만 더 큰 꿈을 꿀 수 있는 경험이 되었지.

1894 청일 전쟁이 일어나고 갑오개혁을 실시하다.

1896 독립 협회가 설립되다.

1897 대한 제국을 수립하다.

1910 한일 병합 조약으로 대한 제국이 망하다.

《독립신문》

갑신정변이 실패로 끝나고 김옥균 등 개화당 사람들이 일본으로 도망간 일 기억나니? 그때 김옥균과 함께 일본으로 도망간 사람 중에 서재필이란 인물이 있어. 서재필은 다른 사람들과 달리 일본에서 지내지 않고, 미국으로 건너가 대학을 나와 의사가 되었지. 그런데 미국인과 결혼해서 미국 시민으로 살고 있던 그에게 조선 정부가 돌아오라고 연락했어. 정부가 갑오개혁을 펼치는 데 그의 도움이 필요했기 때문이래.

서재필이 조선에 돌아와서 먼저 한 일은 신문을 만드는 거였어. 몇 달 동안의 준비를 거쳐 1896년 4월에 《독립신문》이 창간되었어. 《독립신문》이 처음 나온 4월 7일은 지금도 '신문의 날'로 기념하고 있어. 그만큼 《독립신문》 창간이 중요했다는 이야기야. 나라가 아닌 민간에서 처음으로 만든 신문인데다가 또 한글만으로 된 최초의 신문이라 정말 굉장한 관심을 끌었지. 한글만으로 된 신문을 만드는 데는 한글학자인 주시경의 힘이 컸다고 해. 서재필이 《독립신문》을 준비하면서 주시경에게 "한글만으로 된 신문을 내려고 하는데 가능할까요?" 하고 물었더니, 주시경은 "소리 나는 대로 정확히 띄어 쓰면 쉽게 글을 읽을 수 있을 것입니다."라고 자신 있게 말했대.

《독립신문》은 1주일에 3번 나왔어. 나중에는 매일 나오는 걸로 바뀌었지. 4쪽짜리 신문인데 3쪽은 한글로 썼고 1쪽은 영어로 썼어. 《독립신문》 기자들은 기사를 쓰기 위해 관청이나 거리, 시장을 돌아다니며 필요한 소식을

서재필과 《독립신문》

모았어. 사람들은 이 모습을 신기하게 여겼지. 길거리에는 "신문이요, 신문이요!"를 외치며 신문을 파는 사람도 등장했어. 길에서 신문을 펼치고 끼리끼리 둘러앉아 읽고 이야기하는 모습도 보게 되었어.

《독립신문》은 지방에도 배달되었어. 한성뿐만 아니라 지방에 사는 사람들도 나라의 소식을 금방 알게 된 거야. 이렇게 해서 지방 사람들도 나랏일에 더욱 관심을 갖게 되었지. 이제 조선에 사는 사람들 모두가 나라에 기쁜 일이 있으면 함께 웃고, 정부가 잘못하면 이를 따지는 세상이 된 거야. 신문이 조선 사람들을 하나로 통하게 만드는 역할을 한 셈이야.

독립 협회

서재필이 그다음에 하고자 한 일은 독립문을 세우는 것이었어. 지금 서울의 지하철 3호선 독립문역에 가면 볼 수 있는 바로 그 독립문 말이야. 원래 그 자리에는 중국 사신을 맞이하던 영은문이 있었어. 영은문은 '은인을 맞이하는 문'이라는 뜻이야. 중국을 섬기던 시대에나 어울리는 문이었지. 서

이것이 프랑스 파리의 개선문을 본떠서 만든 독립문이야. 왼쪽에 있는 기둥은 영은문의 주춧돌이야.

　재필은 조선의 독립을 상징하는 대표적인 건축물을 세우려고 했어. 마치 프랑스가 1899년에 프랑스 혁명 100주년을 기념하여 세운 에펠탑처럼 말이야. 조선이 중국뿐만 아니라 일본, 러시아 등 어떤 나라의 간섭도 받지 않는 독립국이라는 것을 나타내는 독립문을 세우려 한 거야.

　서재필은 독립문을 세우기 위해 동료들과 함께 독립 협회라는 단체를 만들었어. 《독립신문》을 통해, 독립문을 세우기 위해 돈을 모으고 있다는 사실을 전국에 알렸지. 그리고 독립문을 세우는 데 돈을 낸 사람은 누구나 독립 협회 회원이 될 수 있도록 했어. 독립 협회는 매주 토요일마다 오후 2시에 회의를 열어 일을 처리했어. 어떤 일이든 찬성하는 사람이 더 많은 쪽의 뜻에 따르는 다수결의 원칙에 따라 일을 했지. 《독립신문》의 인기만큼 독립 협회에 대한 사람들의 관심도 높아서, 6개월도 되지 않아 회원이 2천 명이 넘었다고 해.

　사람들의 의견을 모으기 위해 토론회를 열었는데 이것도 큰 관심을 끌었어. 독립 협회는 일요일마다 오후 3시에 회원들이 참여하는 토론회를 열었어. 첫 번째 토론회는 '조선에서 제일 급한 일은 교육'이라는 주제로 열렸어.

76명의 회원이 찬성과 반대로 나뉘어 열띤 토론을 벌였지.

두 번째 토론회부터는 회원이 아니더라도 구경할 수 있도록 했더니 무려 200명이 몰려들었어. 두 번째 토론회의 주제는 '길을 깨끗이 하는 일이 위생을 위해 제일 중요하다.'는 거였어. 이때 지금의 서울 시장이라 할 수 있는 한성 판윤 이채연이 직접 찬성 편으로 나온다고 알려지면서, 토론회는 시작 전부터 큰 관심을 끌었어. 이채연은 한성을 새롭게 바꾸는 데 성공했다는 칭찬을 받고 있었거든. 이채연은 토론회에서 한성의 길을 깨끗이 만들면, 거리에 쓰레기를 버리는 일이 사라져 자연스럽게 깨끗한 도시가 될 것이라고 주장했어. 반대편으로 나온 토론자는 이채연의 말은 옳지만, 지금 한성에서는 큰길만 깨끗이 하고 정말 더러운 골목길은 손도 대지 못하니 한성이 제대로 깨끗해질지는 의심스럽다고 반박했지.

이 이야기를 들은 이채연이 그렇다면 골목길을 깨끗이 하는 일에도 관심을 갖겠다고 하자, 듣고 있던 독립 협회 회원과 구경꾼들은 모두 깜짝 놀랐다고 해. 토론회라는 것이 무조건 상대와 싸우는 것이 아니라, 서로 생각의 차이를 인정하면서 더 좋은 생각을 말하면 받아들이는 거라는 걸 알게 된

거야. 그 뒤로 독립 협회가 문을 닫을 때까지 30번이 넘는 토론회가 열렸고, 그때마다 많은 관심을 끌었어. 지금 우리가 텔레비전에서 볼 수 있는, 어떤 주제를 놓고 생각이 다른 두 편이 서로 토론하는 모습이 독립 협회의 토론회 때부터 있었다니 신기하지 않아?

만민 공동회의 함성, 의회를 만들자

독립 협회는 토론회만이 아니라 많은 사람들이 모이는 시민대회를 열었어. 이걸 만민 공동회라고 불러. 제일 처음 한성 종로에서 열린 만민 공동회에는 만 명이나 되는 사람들이 모였어. 상인들까지 가게 문을 닫고 모여들었지. 그래서 앞(76~77쪽)에서 보았던 것처럼 종로에 어마어마하게 사람들이 모였던 거야. 이 자리에선 러시아가 나랏일에 간섭하는 걸 그만두고 어서 물러나야 한다는 연설이 이어졌어. 많은 사람이 모여 한목소리로 러시아가 물러나야 한다고 주장하자, 고종은 깜짝 놀라 러시아에 맞서기로 결심했다고 해. 며칠 뒤에는 독립 협회가 열지도 않았는데 사람들이 알아서 만민 공동회를 열어, 러시아만이 아니라 다른 나라도 나랏일에 간섭해서는 안 된다는 주장을 했어. 그러자 정말 러시아가 만민 공동회의 요구대로 한발 물러섰지. 자신들의 주장이 이루어지는 걸 본 독립 협회 회원과 만민 공동회에 참가한 사람들은 무척 기뻤겠지?

이제 독립 협회는 새로운 꿈을 꾸기 시작했어. 얼마 전에 고종이 나라 이름을 대한 제국으로 바꾸고 황제의 자리에 올랐는데, 황제가 된 고종이 마음대로 나랏일을 처리하는 걸 막기 위해 의회를 만들어야 한다고 생각했던 거야. 의회는 사람들이 뽑은 대표들이 나랏일을 결정하는 곳이잖아. 독립

협회는 '의회 설립이 정치적으로 가장 중요한 일'이라는 주제로 토론회를 열었어. 찬성하는 쪽은 의회가 있으면 백성의 뜻을 나랏일에 반영할 수 있고, 관리는 나쁜 짓을 못 하게 된다고 주장했어. 반대하는 쪽은 백성의 뜻은 지금 있는 상소 제도로도 충분히 나라에 전할 수 있고, 의회가 설립된다고 관리가 못된 짓을 하지 말란 법은 없다고 주장했지. 의회는 필요하지만 아직은 때가 아니라는 반대 의견도 있었어. 토론회 마지막 순서로 찬반토론을 했더니 의회 설립에 찬성하는 쪽이 훨씬 많았어. 독립 협회는 의회 설립 운동을 벌이기로 하고,《독립신문》은 의회가 설립되면 국민에게도 좋고 정부도 편리하다는 글을 실었어. 독립 협회는 만민 공동회도 열어 고종과 대한 제국 정부에 의회를 만들라는 압력을 넣었어.

　독립 협회는 의회 설립에 대해 같이 머리를 맞대고 의논하자고 정부에 제안했어. 이렇게 해서 정부 관리들도 참여하는 관민 공동회가 열렸지. 관민 공동회에서 의회 설립 요구가 받아들여졌고, 결국 나라에서도 의회를 만들겠다는 약속을 하게 되었어. 하지만 독립 협회와 만민 공동회를 못마땅하게 생각하고, 의회를 설립할 필요가 없다고 생각하는 사람들도 있었어. 그들이 한성 거리 곳곳에 독립 협회가 고종을 내쫓고 대통령이 다스리는 나라를 만들려고 한다는 거짓 글을 써서 붙이자, 고종의 마음이 바뀌고 말았어. 고종은 독립 협회의 문을 닫게 하고 독립 협회 사람들을 잡아갔지.

이에 화가 난 사람들이 만민 공동회를 열어 정부가 약속을 지키지 않고 독립 협회를 없앤 것에 대해 따졌어. 만민 공동회는 매일 열렸어. 그 당시 한성 인구가 17만 명 정도였는데 만민 공동회에 매일 1~2만 명이 모였대. 학생이나 상인, 여성 등 많은 사람이 모여 매일 밤새도록 토론하고 정부에 항의했지. 이 소식이 《독립신문》을 통해 전국에 알려지자 여기저기서 돈을 보내며 격려했어. 집을 판 돈을 보낸 사람, 배를 보낸 과일 장수, 술을 보낸 술장수에서 감옥의 죄수는 물론 거지까지 많은 사람들이 돈이나 물건을 가져오고 또 응원했어. 나무꾼들이 갖다 준 장작으로 불을 피워 밤새우는 일도 걱정 없었어. 만민 공동회를 감시하던 군인 200명까지도 만민 공동회를 응원하며 스스로 흩어져 버렸다고 해. 그렇게 3달 가까이 약속을 지키지 않은 정부에 항의했지만, 결국 총칼을 든 군인들이 강제로 사람들을 흩어 놓으면서 만민 공동회는 끝이 나고 말았어.

독립 협회와 만민 공동회가 의회 설립을 위한 운동을 1898년 봄, 희망 속에 시작했지만 한겨울인 12월에 절망으로 막을 내리고 말았어. 그래도 나라 안의 사람들이 뜻을 모아 의회를 만들자는 운동을 펼친 건, 왕이나 황제가 마음대로 나라를 다스리는 세상을 바꾸어야 한다는 생각을 나눈 소중한 경험이 되었단다.

관민 공동회란 무엇인가요?

의회 설립을 요구하는 독립 협회는 정부 관리들도 만민 공동회에 나와 함께 개혁 방안을 의논하자고 제안했어. 정부가 이를 받아들이면서, 마침내 만민 공동회에 관리도 참여했다는 뜻을 지닌 '관민 공동회'가 열리게 되었지. 먼저 독립 협회를 대표하여 윤치호가 관민 공동회를 열게 된 이유를 설명하고, 지금의 국무총리라 할 수 있는 의정대신 박정양이 보고했어.

백정 출신이 감히 제일 높은 관리와 함께 연설을 한 거야. 그 자리에 모인 많은 사람들은 이제 평등한 세상이 되었다는 걸 실감할 수 있었지.

그다음에 놀라운 광경이 벌어졌어. 백정 출신인 박성춘이 회원 대표로 연설을 하기 위해 단상에 올라간 거야.

나는 가장 천하고 무지한 사람입니다. 그러나 임금에게 충성하고 나라를 사랑해야 한다는 것은 알고 있습니다. 이에 나라를 이롭게 하고 백성을 편하게 하기 위해, 정부와 백성이 마음을 합하는 것이 옳다고 생각합니다.

정말 신분을 차별하지 않는 평등한 세상이 되었구나!

관민 공동회에서는 나라를 개혁하기 위한 6가지 원칙을 만들었어. 이것을 '헌의 6조'라고 불러. 여기에는 대한 제국을, 황제가 마음대로 다스리는 나라에서 국민의 대표인 의회의 뜻에 따라 다스리는 나라로 바꾸려는 꿈이 담겨 있었어.

고종은 '헌의 6조'에 따라 나라를 바꾸겠다고 약속했지만 지키지는 않았죠?

생각 넓히기

 **1 생각해 보기**

독립 협회는 '의회를 세우는 것이 정치적으로 가장 중요한 일'이라는 주제로 토론회를 열었어. 지금이야 의회가 있는 것이 당연한 일이지만 그 당시에는 새로운 생각이었지. 만일 자신이 대한 제국 시기에 살았다면 이 주제에 대해 어떤 의견을 가졌을지 생각해 보자.

_____
_____
_____

 **2 활동해 보기**

독립 협회는 사람들의 의견을 모으기 위해 아래와 같은 주제로 토론회를 열었어. 만일 토론회에 참여해 연설할 기회가 주어진다면, 어떤 주제로 연설을 할지 한 가지 주제를 정하고 그에 대한 주장을 펼쳐 보자.

> 첫 번째 주제: 조선에서 제일 급한 일은 교육이다!
> 두 번째 주제: 길을 깨끗이 하는 일이 위생을 위해 제일 중요하다.

 내가 정한 주제
_____

 나의 주장
_____
_____
_____

7장 대한 제국

여기는 1897년 한성에 있는 환구단이라는 곳이야. 오늘은 여기에서 대한 제국의 황제 즉위식이 열리는 날이야.
갑자기 조선에서 대한 제국으로 바뀌고, 또 황제라니 무슨 일이 있었던 걸까?
어째서 조선의 왕이 대한 제국의 황제가 된 걸까?

대한 제국을 수립하다

고종이 러시아 공사관으로 피신한 것은 정말 나라의 자존심이 상하는 일이었어. 나라를 이끌어야 할 왕이 다른 나라 공사관에 살면서 보호를 받는다는 건 정말 창피한 일이었지. 그래서 빨리 궁궐로 되돌아오라는 요구가 빗발쳤어. 고종은 1년쯤 러시아 공사관에 머물다가, 돌아오라는 요구에 못 이겨 그 근처에 있는 덕수궁으로 돌아왔어. 왜 원래의 궁궐인 경복궁이 아니라 덕수궁으로 돌아온 것일까? 그건 덕수궁이 러시아 공사관과 가깝고 또 다른 나라 공사관도 많아서 보호를 받기 쉽다고 생각했기 때문이야.

궁궐로 돌아온 고종은 나라의 체면도 살리고 무너진 왕권도 다시 세우고 싶었어. 이때 마침 전국에서 유생들이 고종에게 왕이 아니라 황제의 자리에 오를 것을 청하는 상소를 올리기 시작했어. 예전에 조선의 왕은 황제가 될 수 없었어. 조선 왕 위에 중국의 황제가 있다고 생각했기 때문이지. 그렇지만 청일 전쟁에서 청나라가 패한 이후로 조선은 청나라를 더 이상 황제의 나라로 섬기지 않게 되었어. 그래서 조선 왕도 황제가 될 수 있다고 생각한 거야. 고종 역시 황제의 자리에 올라 자신의 권한도 강화하고, 나라의 자주독립을 세계에 널리 알리는 게 좋겠다고 생각했어. 고종은 다른 나라 공사관에 사람을 보내 그들의 생각을 물어보기도 하고, 황제 즉위식을 할 환구단을 만들기도 하면서 스스로 황제가 될 준비를 해 나갔지. 1897년 10월에 고종은 환구단에서 황제 즉위식을 치르고, 나라 이름을 '조선'에서 '대한

환구단과 황궁우
가운데 지붕이 둥근 건물이 환구단이야. 환구단은 하늘에 제사를 지내는 곳인데 고종이 황제 즉위식을 여기서 치렀어. 왼쪽의 3층 건물은 위패를 모시는 황궁우란 곳이야. 지금 환구단은 없어지고 황궁우만 남아 있어.

이제 나는 황제가 되었노라!

서양식 계복을 입은 고종의 모습이야.

제국'으로 바꾸었어. 앞(88~89쪽)에서 보았던 대한 제국의 황제 즉위식은 이렇게 해서 치러지게 된 거야. '대한'은 옛날에 남쪽에 있던 나라인 삼한을 크게 이었다는 뜻이고, '제국'은 황제의 나라란 뜻이야.

황제가 이끄는 나라를 만들려 하다

나라의 이름을 대한 제국으로 바꾼 뒤에 새 나라의 정치 체제를 어떻게 해야 하는지에 대해 여러 논의가 있었어. 황제의 권한을 강하게 해서 나라를 다스려야 한다는 주장과 백성들을 대표하는 의회와 황제가 협력하여 다스려야 한다는 주장이 있었지. 독립 협회와 만민 공동회가 의회를 설립해야 한다고 주장했던 것 기억하니? 처음에는 고종도 만민 공동회의 주장을 받아들여 의회를 설립한다고 했어. 그렇지만 의회 설립에 반대하는 사람들의 거짓 글에 속아 독립 협회를 없애고 만민 공동회를 해산시킨 뒤에, 고종은 황제를 중심으로 나라를 다스려야겠다고 생각하게 됐어.

이런 생각을 담아 만든 것이 '대한국 국제'야. 대한국 국제란 '대한국의 황제가 직접 정한 국가의 법'이란 뜻이야. 대한국 국제 맨 처음에는 '대한국은 세계 모든 나라가 널리 인정한 자주독립의 황제의 나라'라고 쓰여 있지. 또 대한 제국은 오직 황제만이 다스리는 나라로서, 황제가 군사권, 입법권, 행정권, 인사권, 외교권을 모두 갖고 다스린다는 내용도 들어 있어. 대한국 국제는 다른 나라로 치면 헌법에 해당하는 거야. 하지만 황제의 권리만 쓰여 있고 국민의 권리에 대해서는 말하고 있지 않아서, 제대로 된 헌법이라고 하기는 어려워.

그런데 황제 혼자 나라를 다스리면서 자주독립국을 지켜 나간다는 게 가능할까? 고종 황제 가까이에서 함께 나랏일을 의논한 관리는 고종과 마음이 맞는 몇 명뿐이었어. 몇몇 관리들만 데리고 왕이 직접 나라를 다스리다 보니, 정작 관리들이 모여 중요한 나랏일을 의논하는 의정부는 힘을 잃어 갔어. 오히려 왕과 왕의 가족, 친척을 돌보는 일을 하던 궁내부가 제일 힘이 센 관청이 되었지. 교통이나 통신을 담당하는 통신사, 철도원, 광무국 등 황제가 꿈꾸는 개혁을 이끌 관청도 궁내부 안에 설치되고, 나라를 다스리는 데 필요한 돈도 궁내부로 모여들었어.

고종은 군사력을 키우는 일에도 힘을 썼어. 나라의 군대와 지방 수비를 맡은 군대를 개편하여 원수부라는 관

대한 제국의 군대가 훈련을 하고 있는 모습이야.

청 아래에 두고, 고종 스스로는 육군과 해군 모두를 다스리는 최고 지휘관에 올라 자신을 대원수라고 불렀지. 고종은 정해진 나이가 되면 모두 군대를 가야 하는 징병제를 실시할 준비도 했어. 하지만 이렇게 군사력을 키운 건 다른 나라가 쳐들어올 것에 대비하여 나라를 지키고자 한 일이 아니었어. 여기저기서 계속 일어나고 있는 의병과 도적들을 막아야겠다는 생각에서 나온 것이었어.

광무개혁

대한 제국을 세운 후부터 러일 전쟁이 일어날 때까지 고종은 마음이 맞는 관리들과 함께 정부 관청이 아니라 궁내부를 중심으로 개혁 정책을 펼쳤어. 이를 광무개혁이라고 불러. 고종이 대한 제국을 세우면서 황제만이 쓸 수 있는 연호라는 걸 '광무'로 정했기 때문에 그렇게 부르는 거야. 연호는 어떻게 사용하느냐고? 대한 제국이 세워진 1897년을, 연호를 사용해서 '광무 1년'이라고 부르는 거야. 그러니까 1898년은 '광무 2년'이 되는 것이고, 다른 황제가 즉위하면 연호가 달라지지. 광무개혁의 정신을 한마디로 표현하자면 '구본신참'이라고 할 수 있어. '옛 법을 뼈대로 하고 새로운 것들을 살펴 이용한다.'는 뜻이야. 그렇지만 말은 이렇게 했어도 황제의 권력을 키운 것 말고는 갑오개혁 이후 생겨난 새로운 법이나 제도를 없애지는 않았어.

광무개혁 중에서 가장 중요한 것은 땅의 크기와 땅 주인을 적은 문서를 만들어 제대로 세금을 걷도록 한 일이었어. 나라를 다스리는 데 필요한 세금 대부분이 농사짓는 일에서 나오니까 이 일은 정말 중요했어. 땅의 크기를 정확하게 재는 걸 양전이라고 불러. 대한 제국 정부는 충청도를 시작으로 전국의 땅을 재어 땅문서인 지계를 만들어 주었어. 러일 전쟁이 일어나 중단되고 말았지만, 전국 3분의 2에 해당하는 땅에서 양전이 이루어졌지.

　대한 제국이 세워질 무렵에 서양 여러 나라들과 일본은 광산이나 철도에 관심을 보이며, 자신들에게 이익이 될 만한 것은 가리지 않고 차지하려고 했어. 고종은 광산을 빼앗기지 않으려고 전국의 광산을 모두 궁내부가 관리하도록 했어. 궁내부 안에 광산을 관리하는 광무국을 두고, 기계를 도입하거나 외국인 기술자에게 새로운 기술을 배우게 했지. 철도 역시 궁내부 안

미국에서 온 측량 기사가 토지를 측량하는 모습이야.

에 철도원을 만들어 서울과 의주, 서울과 원산 사이에 철도를 놓으려고 계획했어.

대한 제국 정부는 국력을 키우기 위해서 상공업을 발달시켜야 한다고 생각했어. 그래서 정부가 직접 회사나 공장을 세우기도 했어. 관리 출신들이 양잠을 하거나 담배를 만드는 회사를 만들어 운영할 수 있도록 도와주기도 했지. 뿐만 아니라 은행도 만들었어. 또 안정적으로 돈을 찍어 내고 기준이 되는 화폐를 만드는 등의 일을 하는, 지금의 한국은행과 같은 중앙은행도 만들려고 했어.

개혁은 교육 부문에서도 일어났어. 고종은 '교육은 나라를 지키는 데 가장 필요한 일'이라는 생각을 갖고 있었지. 지금의 초등학교에 해당하는 소학교는 갑오개혁 때부터 만들었지만, 지방마다 소학교를 세운 건 대한 제국 정부였어. 소학생이 졸업하면 갈 수 있는 중학교도 만들기 시작했어. 외국을 오가는 사람들을 위해서 중국어, 일본어, 영어, 프랑스어, 러시아어, 독일어를 가르치는 외국어 학교를 세웠어. 법관을 양성하는 법관 양성소, 의사를 키우는 의학교도 만들고, 전기 기술자나 광산 기술자를 키우는 학교와 장사하는 법을 가르치는 학교도 세웠지. 이처럼 어려운 상황에서도 꾸준히 추진되던 광무개혁은 대한 제국을 차지하려고 러시아와 일본이 맞붙은 러일 전쟁으로 힘을 잃고 말았어.

생각 넓히기

1  생각해 보기

고종은 환구단에서 황제 즉위식을 치르고 대한 제국의 황제가 되었어. 그러고 나서는 헌법에 해당하는 대한국 국제를 발표했지. 그런데 그 내용을 보면 대한 제국은 오직 황제만이 다스리는 나라로서, 황제가 군사권, 입법권, 행정권, 인사권, 외교권을 모두 갖고 다스린다고 되어 있어. 고종과 신하들이 황제가 모든 권한을 다 갖도록 한 이유가 무엇인지 생각해 보자.

_____
_____

2 활동해 보기

대한 제국의 황제가 된 고종은 광무개혁이란 개혁 정책을 펼쳤어. 다음은 광무개혁의 주요 내용이야. 고종이 이런 개혁 정책을 펼쳤던 이유가 무엇인지 생각하여 써 보자.

땅의 크기를 정확하게 재고 땅 주인을 기록한 문서를 만들었다.
_____
_____

궁내부에 광산을 관리하는 광무국과 철도 건설을 담당하는 철도원을 두었다.
_____
_____

상공업을 발달시키기 위해 회사나 공장 등을 직접 세우거나 세우도록 했다.
_____
_____

지방마다 소학교를 세우고 외국어 학교나 법관, 의사, 기술자를 키우는 학교를 세웠다.
_____
_____

8장 을사조약에서 한일 병합까지

여기는 경복궁에 있는 근정전이야. 경복궁의 중심이 되는 정전이며 대한 제국을 상징하는 곳이지. 그런데 근정전 앞에 일장기가 걸려 있어. 어째서 대한 제국의 궁궐에 일본의 국기가 걸려 있는 걸까? 도대체 무슨 일이 있었던 걸까?

1894	1896	1897	**1910**
청일 전쟁이 일어나고 갑오개혁을 실시하다.	독립 협회가 설립되다.	대한 제국을 수립하다.	한일 병합 조약으로 대한 제국이 망하다.

러일 전쟁과 을사조약의 체결

조선이 대한 제국으로 이름을 바꾸고 개혁을 추진했지만 계속 이어지지는 못했어. 대한 제국에 전쟁의 그림자가 드리워졌기 때문이지. 앞에서 청과 일본이 우리나라 땅에서 벌였던 청일 전쟁을 기억하니? 일본이 승리를 거두고 랴오둥반도 등을 차지했지만, 러시아를 비롯한 세 나라의 간섭으로 랴오둥반도를 돌려주었잖아. 이때부터 일본과 러시아는 서로 다투는 일이 잦았어. 그건 두 나라 모두 만주와 대한 제국을 차지하려고 욕심을 부렸기 때문이야. 러시아는 한반도를 통해서 바다로 진출하려 했고, 일본은 한반도를 통해서 대륙으로 진출하려 했지. 특히 일본에서는 신문들까지 나서서 러시아와 전쟁을 해야 한다고 목소리를 높였어.

결국 일본이 인천과 랴오둥반도의 뤼순에 머물고 있던 러시아 군함을 공격했어. 또다시 우리 땅에서 러시아와 일본이 맞붙어 전쟁을 일으킨 거야. 이 전쟁을 러일 전쟁이라고 해. 청일 전쟁도 풍도 근처 바다에서 청군과 일본군이 전투를 벌이며 시작되었는데 또 전쟁이라니! 외국끼리 싸우는 청일 전쟁과 러일 전쟁이 우리 땅에서 일어났으니, 그때 우리나라의 처지가 어땠을지 상상이 되니?

대한 제국 정부도 언젠가는 러시아와 일본이 전쟁을 벌일 거라고 생각했어. 그래서 만일 전쟁이 일어난다면 누구 편도 들지 않겠다고 미리 선언해 두었지. 하지만 일본이 그냥 두지 않았어. 일본은 러시아와 전쟁을 시작하자

마자 대한 제국 정부에 자신들의 편이 될 것을 요구했어. 자기들이 나라를 지켜 줄 테니 전쟁에 협조하라는 거였지. 그리고 억지로 '한일 의정서'라고 하는 문서에 합의하도록 했어. 거기엔 일본이 나랏일에 이래라저래라 간섭할 수 있다는 내용이 들어 있었어. 일본이 전쟁에 필요하다고 요구하는 곳은 내주어야 하고, 대한 제국 정부는 일본의 충고를 들어 일을 해야 하며, 일본이 허락하지 않으면 다른 나라와 어떤 약속도 할 수 없다는 거야. 이에 따라 일본은 대한 제국의 땅과 물자, 노동력을 마음대로 사용할 수 있었단다.

일본군은 육지와 바다에서 계속 승리했어. 특히 대한 해협에서 러시아 함대를 크게 물리쳤지. 하지만 일본은 러시아처럼 큰 나라와 오랜 기간 전쟁을 계속하기는 힘들다고 생각했어. 그래서 미국의 도움을 받아 미국 포츠머스에서 러시아와 조약을 맺고 전쟁을 끝냈어. 이 조약으로 일본은 러시아로부터 대한 제국에 대한 영향력을 인정받았어.

한편 일본은 전쟁 중에 대한 제국 정부를 압박하여, 일본에서 대한 제국

일본은 대한 해협에서 벌어진 전투에서 러시아의 발틱 함대를 침몰시켰어.

에 재정과 외교 고문을 파견할 수 있도록 만들었어. 대한 제국의 재정과 외교에 간섭하기 위해서였지. 그래서 메가타라는 일본인이 재정 고문으로, 스티븐슨이라는 미국인이 외교 고문으로 들어왔어. 이제 일본에게는 일본이 대한 제국을 지배해도 좋다는, 다른 나라들의 인정이 필요했어. 이를 위해 일본은 포츠머스 조약을 맺기 전에 미국, 영국과 몰래 약속을 했어. 일본이 미국과 맺은 약속을 가쓰라·태프트 협정이라고 하는데, 미국은 일본의 대한 제국 지배를 인정하고 일본은 미국의 필리핀 지배를 인정한다는 약속이야. 또 일본은 영국과도 동맹을 맺어 대한 제국에 대한 지배를 인정받았어. 그 대신 일본은 영국의 인도 지배를 인정해 주었지. 이런 걸 나눠 먹기라고 할 수 있을 거야! 그럼 왜 미국과 영국은 일본을 도와주었을까? 러시아

가 아시아에서 너무 큰 영향력을 갖게 될까 봐 걱정이 되어, 일본을 통해 러시아를 견제하려고 그랬던 거야. 이렇게 해서 일본은 대한 제국을 지배하기 위한 모든 준비를 끝냈어.

마침내 1905년 일본 정부에서 보낸 이토 히로부미가, 일본이 대한 제국을 보호해 줄 테니 외교권을 넘기라는 내용의 조약을 고종에게 내놓았어. 여기서 보호가 지배를 뜻한다는 건 누가 봐도 알 수 있을 거야. 또 외교권이라는 건 굉장히 중요한데, 한 나라가 다른 나라와 동등한 위치에서 외교를 할 수 있는 권리, 즉 독립국임을 뜻하는 권리이기 때문이야. 고종은 당연히 거부했지. 그러자 이토 히로부미는 지금의 장관에 해당하는 정부 대신들을 불러 한 명씩 의견을 내놓도록 강요했어. 8명 중 5명이 찬성하고 3명이 반대하자

이토 히로부미는 조약이 통과되었다고 발표했어. 조약이 맺어진 1905년이 을사년이었기 때문에 이 조약을 을사조약이라 불러. 또 조약에 찬성한 5명을 '을사오적'이라고 부르지. 을사오적이란 '을사년에 나라를 팔아먹은 다섯 명의 도둑놈'이라는 뜻이야. 한 나라의 황제가 반대한다고 대신들을 불러 투표에 붙여 조약을 통과시켰다니, 좀 황당하지?

결국 을사조약으로 대한 제국은 외교권을 완전히 잃고 말았어. 이런 나라를 보호국이라고 부르는데 불완전한 독립국이란 뜻이야. 일본은 대한 제국을 그저 보호국으로 다스리는 게 목표가 아니었어. 타이완을 식민지로 만든 것처럼 대한 제국도 식민지로 만들어 완벽하게 차지하는 게 목표였지. 이를 위해 우선 보호국으로 만든 다음, 대한 제국 정부의 모든 일에 간섭하기 위해 통감부를 세웠어. 그리고 첫 통감으로 이토 히로부미를 임명했어.

헤이그 특사 사건과 고종 퇴위

고종은 대신들에게 찬반을 물어 맺은 을사조약을 절대 받아들일 수 없었어. 그래서 어떻게든 이 사실을 외국에 알려 도움을 받으려 했지. 그때 마침 네덜란드 헤이그에서 만국 평화 회의가 열리게 되었어. 고종은 이곳에 이상설과 이준, 이위종 세 사람을 특사로 파견했어. 을사조약이 체결된 과정이 옳지 않으니, 이 조약은 무효라는 걸 다른 나라에 알리고 도움을 받기 위해서였지. 하지만 이런 노력도 소용이 없었어. 이미 일본의 대한 제국 지배를 인정해 준 미국과 영국, 러시아 등이 만국 평화 회의에 온 세 사람을 만나 주지 않았거든. 결국 세 사람은 회의장에 발도 들여놓지 못했어.

이 소식을 들은 이토 히로부미 통감은 외교권이 없는 대한 제국 정부가

헤이그에서 열린 만국 평화 회의

　만국 평화 회의에 특사를 파견한 것은 을사조약 위반이라며, 고종에게 물러나라고 요구했어. 결국 고종이 물러나고 순종이 황제의 자리에 오르게 되었지. 일이 이렇게 되자 화가 난 사람들이 거리로 몰려나와 일본 신문사를 습격하고 일본인 경찰과 충돌했어. 하지만 사태를 되돌릴 수는 없었어.

　일본은 고종이 물러난 후 대한 제국에 대한 지배를 더욱 강화했어. 지금으로 치면 장관 다음으로 높은 직책인 차관에 일본인을 임명할 수 있도록 했어. 그리고 마침내 군대를 해산시켰지. 나라를 지키는 군대가 없어졌으니, 나라가 망해 간다고 볼 수 있겠지? 한성부터 지방까지 한 달에 걸쳐 군대를 해산시켰는데, 군인들이 엄청나게 반발했어. 한성에서 군대 해산에 반발한 군인들이 일본군과 전투를 벌인 것을 시작으로 전국 곳곳에서 격렬하게 저항했단다. 하지만 성능이 좋은 무기를 갖고 있는 일본군을 이길 수는 없었어. 그러면 해산된 군인들은 어떻게 되었을까? 그들 중 일부는 전국 각지에서 일어난 의병 운동에 참가했어. 군대가 없어진 이후에도 일본에 계속 저항했던 거야.

한일 병합

　일본의 침략이 심해질수록 나라를 지키기 위한 저항도 거세졌어. 의병들은 무기를 들고 일어나 일본군과 싸웠고, 나라의 실력을 키워야 한다며 교육이나 산업에 힘쓰는 사람들도 생겨났지. 그러던 중 안중근 의사가 하얼빈역에서 이토 히로부미를 사살하는 일이 일어났어. 이 사건으로 일본의 침략에 대한 대한 제국 사람들의 저항이 어느 정도인지가 세계에 널리 알려졌어. 당황한 일본은 대한 제국을 식민지로 만드는 일에 속도를 내기 시작했어.

　외교권을 빼앗고 군대를 해산한 데 이어 재판권과 경찰권까지 빼앗은 일본은, 마침내 1910년 8월 22일 대한 제국을 일본의 일부로 합친다는 내용의 한일 병합 조약을 맺었어. 대한 제국을 다스리는 권리를 영원히 일본에게 넘긴다는 조약이었지. 이 조약 역시 형식적인 회의를 거쳐 비밀리에 맺어졌어. 그리고 1주일 뒤인 8월 29일 남산 밑에 자리한 통감부에 군복 차림의 통감 데라우치 마사타케가 이완용 등 대한 제국 대신들을 거느리고 나타나 조약을 발표했어. 대한 제국이 역사 속으로 사라지는 순간이었어. 나라가 망한 거야. 이렇게 한일 병합이 되면서 나라가 없어졌기 때문에, 앞(98~99쪽)

의거 직후 안중근의 모습이야. 안중근은 이토 히로부미를 사살한 뒤 러시아 군인들에게 잡혔어. 안중근은 도망치려고도 하지 않았고 두려워하지도 않았다고 해.

에서 본 것처럼 대한 제국의 상징인 경복궁 근정전에 일장기가 내걸리게 된 거야. 그 뒤로는 8월 29일을 나라가 망한 부끄러운 날이라고 해서 '국치일'이라고 불렀어. 예전에는 달력에 국치일이 표시되어 있기도 했단다. 이제 대한 제국은 일본의 식민지가 되었어. 일본의 식민지 지배는 1945년까지 36년간 이어졌어.

인물 탐구

안중근은 어떻게 이토 히로부미를 사살하게 되었나요?

안중근은 을사조약으로 나라가 위태로워지자 먼저 나라의 실력을 키우는 일에 힘썼어. 학교를 세워 학생들을 가르쳤고 석탄 회사를 설립하기도 했지.

1909년 을사조약을 강제로 맺게 한 이토 히로부미가 러시아와 회담을 위해 하얼빈에 온다는 소식을 들은 안중근은 그를 저격할 계획을 세웠어. 하얼빈역에서 안중근은 회담을 마치고 열차에서 내려오던 이토 히로부미에게 총을 쏘아 3발을 명중시켰어.

하지만 헤이그 특사 사건으로 고종 황제가 강제로 물러나고 군대가 해산되자, 대한 제국을 떠나 만주와 러시아를 오가며 의병을 조직하여 일본군과 싸웠어.

현장에서 체포된 안중근은 재판에서 사형 판결을 받고 뤼순 감옥에서 처형되었는데, '죽어서도 대한 독립의 소리가 천국에 들려오면 나는 마땅히 춤을 추며 만세를 부를 것이다.'라는 유언을 남길 만큼 간절히 독립을 원했다고 해.

정말 간절했네요!

생각 넓히기

1 생각해 보기

다음은 을사조약이 맺어지는 과정을 보여 주는 그림이야. 일본과 을사조약을 맺는 것에 찬성한 정부 대신 5명이 왜 그런 행동을 했는지 그 이유를 생각해 보자.

"좁게 말할 때 빨리 찬성해!"
"난 찬성!"
"그럼 나도 찬성!"

2 활동해 보기

다음 글은 지금으로부터 100여 년 전인 1910년 8월 29일의 '오늘의 역사'야. 만일 내가 당시에 살았던 사람이라면 '그날'을 어떻게 기록으로 남겼을지 생각해 보고 글을 써 보자.

오늘의 역사

1910년 8월 29일, 대한 제국을 일본의 일부로 합친다는 내용의 한일 병합 조약이 발표되었다. 대한 제국을 다스리는 권리를 영원히 일본에게 넘긴다는 내용의 조약이었다. 이제 대한 제국은 나라를 빼앗기고 일본의 식민지가 되었다.

내가 쓴 오늘의 역사

9장 계몽 운동

여기는 1907년 평안북도 정주에 있는 한 학교야.
누가 학생들을 모아 놓고 연설을 하고 있어. 저 사람은 누구이고, 여기는 무슨 학교일까?
무슨 이야기를 하기에 많은 학생들이 눈을 반짝이며 듣고 있는 걸까?

비밀리에 만들어진 신민회

　일본과 을사조약을 맺은 뒤에 사람들이 가장 크게 걱정한 건 뭘까? 곧 나라가 완전히 망할지도 모른다는 거였어. 곧 망할 거라며 절망만 하는 사람들도 있었지만, 이대로 가면 큰일이니 실력을 키워 나라를 지켜야 한다고 생각하는 사람들도 있었지. 이들은 실력을 키워 나라를 튼튼히 하려면, 청소년을 가르치는 교육과 공장을 세워 물건을 만드는 산업이 중요하다고 생각했어. 교육이 중요하다고 생각한 사람들은 누구나 학교에 갈 수 있는 의무 교육을 실시해야 하고, 농사짓고 장사하고 물건 만드는 걸 제대로 가르쳐야 한다고 주장했어. 산업을 발전시켜야 한다고 생각한 사람들은 농사짓는 방법을 바꾸어야 하고, 과학 기술을 발전시켜야 하며 회사를 많이 설립하는 일이 급하다고 주장했지.

　이렇게 교육도 잘하고 잘살아야 나라가 망하지 않는다고 생각한 사람들은 예전부터 갖고 있던 나쁜 습관들도 얼른 고쳐야 한다고 주장했어. 게으르고 변화를 싫어하며 서로 싸우기를 좋아하고 남에게 의지하려고만 하면 안 되고, 무엇보다 나라를 사랑하지 않으면 안 된다고 설득했지. 이때 유행한 말 중에 '우승열패'와 '약육강식'이란 말이 있어. 우승열패는 '뛰어나면 승리하고 뒤떨어지면 진다.'는 뜻이고, 약육강식은 '약한 것은 강한 것에 잡아먹힌다.'는 뜻이야. 왜 이런 말이 유행했을까? 그건 우리나라가 뒤떨어지고 약해서 일본에 잡아먹힐지도 모르니, 하루빨리 힘을 길러야 한다고 생각했기 때문일 거야.

 실력을 키워야 한다고 주장하는 사람들은 혼자가 아니라 뜻을 같이하는 동료들과 함께 단체를 만들어 활동했어. 많은 단체가 만들어졌는데, 각 단체는 자신들의 주장을 담은 신문이나 잡지를 만들어 교육과 산업을 일으켜야 한다고 널리 알렸지. 이런 단체 중에서 가장 규모가 큰 단체는 신민회였어. 신민회는 비밀 단체였는데 많은 일을 했어. 처음에 신민회를 만들자고 얘기를 꺼낸 사람은 안창호였다고 해. '신민'이란 '실력을 키우기 위해 사람들을 새롭게 바꾸어야 한다.'는 뜻을 갖고 있어. 그런데 흥미로운 건 신민회가 왕이 없는 나라를 꿈꾸었다는 거야. 앞에서 보았던 독립 협회가 만들려고 했던 나라는 왕도 있고 국민을 대표하는 의회도 있는 나라였어. 그런데 신민회는 아예 왕이 없는, 그러니까 국민이 선출하는 대통령이나 수상이 있는 나라를 만들려고 했던 거야.

평양의 대성 학교
안창호가 평양에 세운 학교야. 1912년 졸업식의 모습이야.

신민회는 학교를 세우고 사람들을 깨우치며 회사를 만드는 일에 열심이었어. 신민회에서 세운 학교 중 널리 알려진 학교가 평양의 대성 학교야. 나라를 사랑하고 국민을 잘 이끌 수 있는 모범적인 지도자를 만드는 게 학교의 목표였지. 신민회는 비밀 단체였기 때문에 자신의 이름을 알리는 잡지를 만들지는 않았지만, 《대한매일신보》라는 신문을 통해 자신들의 생각을 널리 전파했어. 또한 자신들의 주장이 담긴 책을 만드는 태극 서관이란 회사도 직접 세웠어. 산업을 발전시키기 위해 평양 자기 회사 등의 회사도 만들었지. 신민회의 활동 중에서 가장 눈에 띄는 건 나라 밖에 독립군을 키우기 위한 터전을 마련한 거였어. 신민회에서 활약하던 이회영과 이동녕 등이 만주로 건너가 신한민촌이란 마을을 세우고 군사 학교인 신흥 강습소를 만들었어. 신흥 강습소는 군사 훈련을 시키는 학교였는데, 나중에 신흥 무관 학교로 이름을 바꾸었어.

신민회는 비밀 단체라 정확한 회원 수를 확인하기는 어렵지만 어림잡아

800명쯤 되지 않았을까 생각해. 그런데 활발한 활동을 벌이던 신민회는 왜 없어졌을까? 나라가 망한 뒤에 들어선 조선 총독부가 데라우치 총독을 죽이려는 음모가 있었다며, 계몽 운동을 하던 사람들을 많이 잡아 가두었어. 물론 거짓으로 꾸민 거였지. 105명이 재판에 넘겨졌기 때문에, 이 사건을 '105인 사건'이라고 불러. 그때 대부분의 지도자들이 잡혀가면서 안타깝게도 신민회는 없어지고 말았어.

국채 보상 운동, 내 힘으로 나랏빚을 갚자

나라가 망할 위기에 처한 이유가 대한 제국 정부가 일본에 큰 빚을 졌기 때문이라고 생각하는 사람들이 있었어. 그래서 국민들이 돈을 모아 나라의 빚을 갚자는 운동이 일어났지. 이걸 국채 보상 운동이라고 불러. 그런데 언제부터 일본에서 빌린 돈이 늘어났을까? 일본인인 메가타가 조약에 따라 재정 고문으로 왔던 거 기억나니? 그때부터였다고 해. 일본은 대한 제국 정부에 일본으로부터 돈을 빌리도록 해서는, 그 돈으로 철도나 도로를 건설했어. 또 사람들을 감시하기 위한 경찰서를 늘리고 일본에서 건너온 일본인들이 사는 마을도 만들었지. 그렇게 들어온 돈의 액수가 점점 늘어나서, 나중에는 대한 제국 정부가 도저히 갚을 수 없을 정도의 큰 빚이 되고 만 거야.

국채 보상 운동은 대구에서 처음 일어났어. 서상돈, 김광제 등이 2천만 국민이 매달 20전씩 3개월만 모으면 그 돈으로 나랏빚을 갚을 수 있다고 주장했어. 이 제안이 신문을 통해 전국에 알려지자, 사람들이 앞다투어 이 운동에 참가할 것을 약속하고 돈을 냈지. 남자들은 담배를 피우지 않고 모은 돈을, 여자들은 비녀나 반지 등을 판 돈을 냈어. 고종과 관리들까지 담배를 피우지

않고 이 운동에 참가하겠다고 발표했어. 나라 밖에 살던 사람들도 이 소식을 듣고 참가했어. 일본에 유학을 간 학생들은 담뱃값을 모아 보내왔단다.

국채 보상 운동의 열기가 더해 가자 일본은 깜짝 놀랐어. 열기를 잠재우기 위해 이 운동에 앞장섰던 《대한매일신보》의 사장인 영국인 베델을 쫓아내려 했지. 또 베델과 함께 《대한매일신보》를 꾸리던 양기탁을 국채 보상금을 마음대로 사용했다는 누명을 씌워 구속했어. 물론 곧 무죄로 풀려났어. 하지만 이와 같은 일본의 방해와 탄압으로 국채 보상 운동은 점차 수그러들고 말았어. 그러면 이때 모은 돈은 어떻게 되었을까? 국채 보상 운동이 좌절된 후, 이 운동을 이끌었던 사람들은 이 돈을 교육에 쓰자고 약속했어. 그러나 나라가 망하면서 안타깝게도 국민들이 모은 돈은 결국 조선 총독부, 그러니까 일본의 손으로 들어가고 말았지. 비록 실패로 돌아갔지만 나랏빚을 국민들이 푼푼이 모은 돈으로 갚자고 제안하고, 여기에 많은 사람들이 함께 했다는 건 정말 대단한 일이야. 나라를 잃어서는 안 된다는 생각이 그만큼 간절했던 거야.

나라를 구하기 위해 학교를 세우자

국채 보상 운동을 하던 사람들이 그동안 모은 돈을 교육에 쓰려 했다고 했지? 나라가 망하지 않으려면, 혹은 망하더라도 다시 나라를 되찾을 수 있는 힘을 키우려면 청소년에게 새로운 세상을 가르쳐야 한다고 생각하는 사람들이 많았던 거야. 나라가 위태로워지자 사람들은 여기저기에 많은 학교를 세웠어. 개인이 세운 사립 학교가 폭발적으로 늘어났지. 5천 개가 넘는 학교가 세워졌고 20만 명이 그 학교에 다녔다고 해. '세 사람만 모이면 학교를 만든다.'는 얘기가 있을 정도였대.

> 내가 오늘 이 학교를 세우는 것도 후진을 가르쳐 만분의 일이라도 나라에 도움을 되기를 원하기 때문이다.
> (중략) 한마음으로 서로 도와 나라를 남에게 빼앗기지 않는 백성이 되기를 부탁한다.

이승훈이 정주에 세운 오산 학교야. 1910년 제1회 졸업식 모습이야.

오산 학교를 세운 이승훈이 학교 문을 열면서 한 말이야. 많은 사람들이 왜 학교를 지었는지 잘 보여 주는 말이지. 앞(110~111쪽)에서 보았던 것이 바로 이승훈이 자신의 돈을 들여 오산 학교를 세우고, 개교하는 날에 학생들에게 연설하는 모습이야.

이렇게 세워진 사립 학교들은 학교 건물이 누추하고, 교과서가 부족하고, 교사도 모자라는 등 많은 것이 부족한 상태에서 학생들을 가르쳤어. 그래도 돈이 있는 사람은 돈을 보태고, 집을 지을 줄 아는 사람은 교실을 지으며 아이들을 학교에 보내 힘을 보태 주었지. 그래서 학교 문을 여는 날은 마을 사람들의 잔칫날이었다고 해. 마을 사람들은 교사 월급이 부족하면 돈을 내서 함께 학교를 꾸려 나갔어. 교사들은 월급을 받지 못하더라도 학교를 떠나지 않고 학생들을 가르쳤어. 이들 사립 학교는 일본이 세운 학교들과 가르치는 내용이 많이 달랐어. 우리나라의 말과 역사, 그리고 지리를 많이 가르쳤단다.

이번에도 일본은 당황하여 사립 학교를 세우고 운영하는 걸 방해했어. 사립 학교에서 학생들에게 애국심과 나라를 지켜야겠다는 의식을 가르친다고

생각했기 때문이야. 그래서 '사립 학교령'이라는 법을 만들어, 학교를 만들고 교사를 모집하는 데 필요한 기준이라는 걸 정했지. 그 기준에 미치지 못하면 학교를 세울 수 없고, 또 전에 있던 학교도 문을 닫도록 했어. 그 결과 사립 학교 수가 크게 줄어들고 말았어.

쟁점 토론 ▶ 나라의 힘을 키우는 데 교육이 중요한가요? 산업이 중요한가요?

나라가 망할 위기에 처했을 때, 나라의 힘을 키우기 위해 서양의 앞선 지식과 기술을 배우는 게 중요하다고 생각하는 사람들과 빨리 산업을 일으켜 잘사는 게 중요하다고 생각하는 사람들이 있었어.

교육이 중요하다고 생각하는 사람들은 다음과 같이 주장했어.

우리의 조국을 일본인에게 맡기는 일은 있을 수 없습니다. 총을 드는 사람, 칼을 드는 사람도 있어야 할 것입니다. 그러나 그보다 더 중요한 것이 무엇입니까? 사람들이 세상이 어떻게 돌아가는지를 모르고 있으니, 그 사람들을 깨우치는 것이 제일 급한 일입니다.

산업이 중요하다고 생각하는 사람들은 다음과 같이 주장했지.

경제가 무너지는 것을 막으려면 자급자족하는 능력이 필요합니다. 특히 공업을 일으키는 것이 중요합니다. 바다 건너 일본 제품이 홍수같이 밀려들어 오고 있습니다. 조국을 살리기 위해서는 정치만이 아니라 경제도 필요합니다. 산업을 일으키는 것이 곧 애국이고 구국이라는 것을 잊지 말아야 합니다.

교육이 중요하다고 생각하는 사람들도 산업이 중요하다고 생각하는 사람들도 열심히 노력했어. 하지만 이런 노력에도 불구하고 대한 제국은 망하고 말았어. 어떻게 생각해? 어떤 의견이 맞는 것 같아? 아니면 더 중요한 무엇이 있을까?

총을 들고 직접 싸워야 하나?

생각 넓히기

 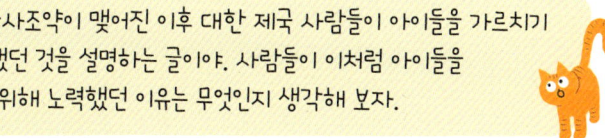

1 생각해 보기

다음 글은 을사조약이 맺어진 이후 대한 제국 사람들이 아이들을 가르치기 위해 노력했던 것을 설명하는 글이야. 사람들이 이처럼 아이들을 공부시키기 위해 노력했던 이유는 무엇인지 생각해 보자.

당시에 세워진 사립 학교들은 학교 건물이 누추하고, 교과서가 부족하고, 교사도 모자라는 등 많은 것이 부족한 상태에서 학생들을 가르쳤다. 돈이 있는 사람은 돈을 보태고, 집을 지을 줄 아는 사람은 교실을 지어 아이들을 학교에 보냈다. 학교 문을 여는 날은 마을 사람들의 잔칫날이었다. 마을 사람들은 교사 월급이 부족하면 돈을 내서 함께 학교를 꾸려 나갔다. 교사들은 월급을 받지 못하더라도 학교를 떠나지 않고 학생들을 가르쳤다.

2 활동해 보기

본문에서 읽은 내용을 바탕으로 5대 뉴스를 뽑아 보자. 또 국채 보상 운동에 참여하자고 권하는 표어를 만들어 보자.

내가 뽑은 5대 뉴스

예) 평양에 대성 학교가 세워지다

1.
2.
3.
4.
5.

내가 만든 표어

10장 의병 운동

여기는 경기도에 있는 양주라는 곳이야. 많은 사람들이 무기를 들고 모여 있어. 들어 보니 한성으로 진격하려고 한대. 무슨 일로 이렇게 많은 사람들이 모인 걸까? 또 왜 한성으로 진격하려는 걸까?

을미 의병

나라를 지키기 위해서는 실력을 키워야 한다고 주장하며 계몽 운동을 펼친 사람이 있었던 반면, 의병을 일으켜 무기를 들고 일본군과 싸운 사람들도 있었어. 의병은 언제 처음 등장했을까? 아마 임진왜란이 일어났을 때 의병이 처음 생겼던 것 같아. 의병이란 '나라에 적군이 쳐들어왔을 때 스스로 외적에 맞서 싸우는 백성의 군대'라는 뜻이야. 임진왜란 때 나라를 구하기 위해 의병이 일어났던 것처럼, 300년 뒤 일본이 나라를 빼앗으려고 노리고 있을 때 이를 막기 위해 의병이 일어난 거야. 청일 전쟁 이후 일본에 나라를 빼앗기지 않겠다는 의지로 의병이 일어난 것은 모두 세 번이었어.

제일 먼저 일어난 의병은 을미 의병이야. 1895년 을미년에 일어나서 을미 의병이라고 부르지. 그런데 그해에 무슨 일이 일어났는지 기억하니? 명성 황후가 일본인들에게 죽임을 당했잖아. 이에 일본을 몰아내고 명성 황후의 원수를 갚아야 한다며 의병이 일어난 거야.

게다가 갑오개혁을 이끌던 김홍집이 상투를 자르라는 단발령을 내렸어. 조선 시대에는 유교의 영향으로 부모에게 물려받은 몸에 함부로 손을 대지 않아야 하고, 또 조금도 다쳐서는 안 된다고 생각했어. 그러니까 어릴 적부터 기른 머리카락을 빗어 올린 상투를 싹둑 자르는 것은 절대로 해서는 안 되는 일이었지. 유학자들은 '내 목을 자를지언정 내 상투는 자를 수 없다.'며 거세게 반발했어. 사람들은 상투를 자르라는 정부의 명령에 더욱 화가

단발령에 따라 강제로 상투를 잘리는 모습이야.

유인석

나서 너도나도 의병이 되길 원했던 거야.

의병을 이끈 사람들은 유인석처럼 양반 출신의 유학자가 대부분이었어. 일본은 물론 다른 어느 나라도 나랏일에 간섭해서는 안 된다는 생각이 강한 사람들이었지. 의병들은 일본에 협조하는 관리를 공격하기도 하고 정부 군대나 일본 군대와 맞붙어 싸우기도 했어. 하지만 고종이 러시아 공사관으로 옮겨 간 후 단발령을 취소하고 흩어질 것을 권하자 순순히 해산하고 말았어.

을사 의병

두 번째 의병은 러일 전쟁을 승리로 이끈 일본에 의해 을사조약이 맺어지자 일어났어. 강원도와 경기도, 충청도, 경상도, 전라도 등 온 나라 여기저기에서 많은 의병이 일어났지. 을사년인 1905년에 일어났다고 해서 을사 의병이라고 불러.

이때도 의병을 이끈 것은 대부분 양반 출신의 유학자들이었어. 을미 의병에 참가했던 사람들도 다시 일어섰고, 관리 출신들도 의병에 참가하는 경우

가 많아졌어. 가장 큰 변화는 농민들이 의
병에 많이 참가했다는 거야. 잃어 가는 나라의
주권을 되찾겠다는 생각으로, 양반 출신이든 평민
출신이든 신분을 가리지 않고 의병 운동에 뛰어들었던 거지.
명성 황후와 같은 집안 출신인 민종식이 충남 청양에서 의
병을 일으켰고, 유학자인 최익현은 전북 태인에서 의병
을 일으켰어. 최익현은 일본군에 잡힌 뒤 일본의 쓰시
마섬으로 끌려가 그곳에서 죽음을 맞았어.

을사 의병 중에서는 신돌석 의병 부대가 가장 유명했
어. 신돌석은 양반 출신이 아닌 평민 출신의 의병장인데, 태백산 호랑이라
고 불릴 만큼 용감하게 싸워서 유명해졌지. 강원도와 경상도가 맞닿아 있던
지역과 동해안을 누비며 일본군을 무서움에 떨게 만들었어.

나는 을사조약 이듬해인 1906년에 74살의 나이로 의병을 일으켰어.

최익현

신돌석 의병 부대가 태백산에서 일본군과 전투하는 모습을 그린 기록화야. 일본군은 신돌석 의병 부대를 몹시 두려워했어.

정미 의병

세 번째 의병은 헤이그 특사 사건으로 고종이 물러나고 대한 제국 군대가 해산되면서 일어났어. 1907년에 일어났는데 그해가 정미년이라 정미 의병이라고 불러. 한성에 있던 군대를 해산시키자 지휘관인 박승환은 이에 항의하여 스스로 목숨을 끊었어. 해산을 거부한 군인들은 한성 시내에서 일본군과 치열하게 싸웠지만 패하고 말았지. 지방에서도 군대가 해산되자 이에 항의하는 전투가 벌어졌어. 강제로 해산당한 군인들은 일본과의 긴 싸움을 위해 의병 부대에 들어갔어.

해산당한 군인들이 의병이 되면서 이제는 전국에서 의병 부대가 일어나 일본군과 싸웠어. 나라 밖 중국 땅인 만주와 러시아 땅인 연해주에서도 의병 운동이 일어났지. 군인들이 참가하면서 의병의 세력이 강해졌어. 무기도 좋아지고 군사 훈련도 제대로 하고 작전도 세우면서, 싸움을 하는 능력이 크게 좋아진 거야. 이렇게 전국에서 일어난 의병 부대들은 한성으로 쳐들어갈 것을 계획하고, 이인영을 총대장으로 삼아 힘을 합치기로 했어. 이인영은 전국의 의병장들에게 경기도 양주로 모이자는 편지를 보냈어. 한성에 있는 다른 나라 외교관들에게도 편지를 보내, 자신들을 국제법상에서 전쟁을 할 수 있는 단체, 다시 말해 대한 제국의 군대로 인정해 달라고 요구했지. 이인영의 편지에 전국에서 1만 명이 넘

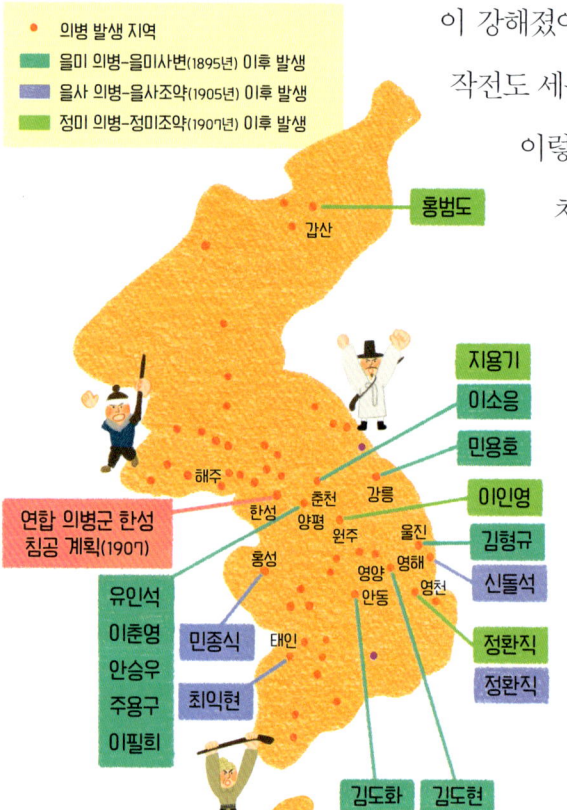

전국 각지에서 일어난 의병 운동

는 의병들이 양주로 달려왔어. 앞(122~123쪽)에서 보았던 것이 양주로 모여든 의병들의 모습이야. 그리고 정말 한성으로 진격하여 동대문 밖까지 쳐들어갔지만 일본군의 공격으로 후퇴하고 말았어. 패한 후에는 다시 각자가 본래 의병을 일으켰던 곳으로 돌아가 의병 운동을 계속했어.

일본의 남한 대토벌 작전

의병들이 활약이 계속되자 일본은 당황했어. 대한 제국 사람들이 전국적으로 의병을 일으켜 일본에 끈질기게 저항할 거라고는 생각하지 못했기 때문이야. 그래서 의병을 완전히 없애기 위해 무시무시한 토벌 작전을 펼치기 시작했어. 특히 전라도 지방의 의병이 제일 강했기 때문에, 전라도를 바다와 육지, 양쪽에서 완전히 포위하고 그물질하듯 좁혀 들어가 없앨 계획을 세웠지. 이 토벌 작전은 2달 동안 계속되었는데, 100명이 넘는 의병 대장과 4천 명이 넘는 의병들이 체포되거나 죽었다고 해. 이렇게 해서 의병 부대들

일본의 토벌 작전으로 수많은 의병이 죽었지만 끝까지 저항을 포기하지 않았어.

을 없앤 다음에야 일본은 대한 제국을 차지할 수 있었어.

    수많은 의병들이 죽고 결국 나라를 잃었지만, 의병들은 결코 포기하지 않았어. 많은 의병들이 나라 밖 중국의 만주와 러시아의 연해주 지방으로 옮겨 가서 일본과 싸움을 계속했어. 독립군이 되어 나라를 반드시 되찾겠다는 뜻을 펼친 거야. 정말 대단하지 않아?

인물 탐구

의병 중에 여성은 없었나요?

의병 중에 윤희순이라는 사람이 여성 의병장으로 유명했어. 윤희순은 경기도 구리에서 태어나 강원도 춘천으로 시집왔는데, 시아버지인 유홍석이 을미 의병에 참여하자 마을 여성들과 함께 의병을 도왔지.

정미 의병이 일어났을 때는 여성들로부터 군자금 355냥을 모금하여 탄약을 만들었고, 30여 명 정도 되는 마을의 여성들을 모아서 여성 의병단을 조직하고 의병 훈련도 실시했어.

윤희순은 사람들이 노래를 부르며 의병 운동이 얼마나 중요한지를 깨닫도록 하기 위해 8편의 의병가를 지었어. 다음이 그중에서 가장 유명한 〈안사람 의병가〉의 가사야.

> 아무리 왜놈들이 강성한들 우리들도 뭉쳐지면
> 왜놈 잡기 쉬울세라
> 아무리 여자인들 나라사랑 모를쏘냐
> 아무리 남녀가 유별한들 나라없이 소용있나
> 우리도 나가 의병하러 나가보세 의병대를 도와주세
> 금수에게 붙잡히면 왜놈 시정 받을쏘냐
> 우리 의병 도와주세
> 우리나라 성공하면 우리나라 만세로다
> 우리 안사람 만만세로다

나라가 망한 뒤에도 윤희순은 중국에서 독립운동을 하며 〈의병군가〉 등을 지어 널리 알렸어.

나라가 위태로울 때면 여성도 큰 힘을 발휘했군요!

생각 넓히기

1  생각해 보기

나라를 구하기 위해 일어선 의병들은 신분을 가리지 않았어. 양반 출신뿐만 아니라 아래와 같이 평민이나 여성도 의병장이 되었지. 이것을 보고 당시의 사람들이 어떻게 반응했을지 생각해 보자.

나는 평민 출신의 신돌석이야. 경상북도 영해 지역의 의병들을 이끌었지. 사람들은 나를 태백산 호랑이라고 불렀어.

정미 의병이 일어났을 때 군자금을 모금하여 탄약을 만들었어. 마을 여성들을 모아서 여성 의병단을 조직하고 의병 훈련도 실시했지.

신돌석   윤희순

---

2  활동해 보기

아래 사진은 의병을 찍은 사진이야. 어린 사람도 있고 군인 같은 사람도 있어. 사진 속의 한 사람이 되어 보자. 자신이 되고 싶은 사람 얼굴에 동그라미를 하고, 그 사람이 되어 왜 자신이 의병이 되었는지, 또 무엇을 바라는지 글로 써 보자.

11장 서양 문물의 수용

여기는 한성의 종로 거리야. 서양식 건물도 보이고 전차도 달리고 있어. 상투를 틀고 한복을 입은 사람도 보이고, 양복을 입은 젊은이들도 보이네. 건물에는 시계탑도 있고 교복 입은 학생들도 보여. 그전과는 많이 달라진 모습이야. 그 사이에 무슨 일이 있었던 걸까?

질문 있어요!

저기, 궁금한 게 있소!

무엇이든 물어보세요!

요즘은 너무 정신이 없어! 길에는 괴물 같은 전차가 왔다 갔다 하지, 시간을 맞춰야 한다고 너도나도 시계를 보면서 바쁘다니까!

전차가 생겨서 빠르게 다닐 수 있지만, 너무 많은 것이 바뀌어서 정신이 없기는 하죠.

또 젊은이들은 양복이란 걸 입고, 게다가 여자아이들까지 학교에 다닌다고 하니 원!

그 당시 외국에서 빠르게 들어오는 새로운 문물 때문에 사람들은 정신이 없었나 봐.

1899 경인선 철도가 개통되다.

1907 신민회를 결성하고 국채 보상 운동이 시작되다.

1907 정미 의병이 일어나다.

1912 토지 조사 사업이 시작되다.

머리카락을 자르고 서양 옷을 입다

　일본과 강화도 조약을 맺어 나라의 문을 열고, 다시 일본의 강요에 따른 한일 병합 조약으로 나라가 망할 때까지의 30여 년 동안 세상은 정말 많이 바뀌었어. 서양의 문화와 과학 기술이 들어와 사람들의 생활을 크게 바꾸었지. 전기를 이용한 전등과 전화, 전차는 물론이고, 서양식 옷과 집, 음식 같은 서양 문화가 입고 먹고 자는 생활에까지 큰 영향을 미친 거야. 누군가는 그렇게 서양식으로 자신의 생활을 몽땅 바꾸어야 했던 사람들이 받았던 충격을 '한 번에 두 가지 인생을 사는 것'이라고 말하기도 했어. 지금은 우리에게 아주 당연한 생활 모습이 그때는 얼마나 낯선 것이었을까? 마치 공상 과학 영화에 나오는 것처럼 상상도 하지 못했던 세계 속으로 갑자기 빨려 들어가는 것과 같지 않았을까?

　제일 먼저 눈에 띄는 변화는 머리 모양과 옷이었어. 한복을 입고 상투를

트는 것이 당연한 때였으니, 상투를 자르고 양복을 입으면 요즘 말로 신세대라고 불렸지. 앞에서 보았던 갑신정변 때의 사진 기억나니? 상투를 자르고 양복을 입은 네 사람의 사진 말이야. 갑신정변이 실패하고 나서는 역적소리 들을까 봐 한동안 사람들이 상투를 자르지 않았다고 해. 갑오개혁 때 나라에서 상투를 자르라고 명령했을 때도, 부모가 주신 머리카락을 자르게 한다고 화가 난 사람들이 의병을 일으켰을 정도로 반발이 컸잖아. 그래도 차츰 상투를 자르는 사람들이 늘어 갔어. 상투를 자르는 사람들이 늘어나면서 양복을 입는 사람도 늘어났어. 단발에는 한복보다 양복이 잘 어울려 보였거든. 상투 틀고 한복 입은 노인들과 단발에 양복 입은 젊은이들이 길거리에 함께 섞여서 돌아다니는 모습을 상상해 봐. 바로 앞(132~133쪽)에서 보았던 종로 거리의 모습과 같을 거야. 서양의 문화가 들어오면서 종로의 모습이 이렇게 변한 거란다.

시간은 돈이다

사람들이 많이 오가는 길거리에는 새로운 구경거리가 또 하나 생겨났어.

어디에서나 볼 수 있는 높은 탑에 시계가 매달려 있었지. 주로 관청이나 학교에 시계탑을 세웠어. 학교에 가거나 교회에 갈 때 시간에 맞춰 가야 하는데, 집집마다 시계나 손목시계가 많지 않았기 때문에 시간을 알려 주려고 세운 거야. 일주일을 '일월화수목금토'의 7일로 하고 하루를 24시간으로 나누는 서양식 시간에 맞춰 해야 하는 일이 점점 많아졌다는 얘기야. 그전에는 일주일을 7일로 한다는 생각이 없었어. 하루도 12시간으로 나누었지.

　서양식 시간은 태양의 움직임을 따르는 것이라 양력이라 부르고, 동양식 시간은 달의 움직임을 따르는 것이라 음력이라고 부르는 건 알지? 지금 우리가 쓰는 시간은 양력이야. 우리나라에서는 1896년 1월 1일부터 양력을 쓰기 시작했어. 이제 사람들은 해를 보고 시간을 짐작하던 습관을 버리고 시계를 보면서 시간을 계산하게 되었어. 학교에서는 시작하고 끝나는 시간이 정해져 있고 시간표에 따라 공부하잖아. 그래서 학교에 다니면서 서양식 시간을 익히는 경우가 많았지. 학교에서는 시간을 잘 지켜야 성공한다고, '시간은 돈이다.'라고 가르쳤대.

지금의 서울 대학교 병원 자리에 있던 대한 의원 건물이야. 높이 솟은 시계탑이 눈에 띄어.

철도를 타고 움직이다

전차에 이어 철도가 놓이면서 사람과 물자가 좀 더 활발하고 빠르게 움직일 수 있게 되었어. 사람들이 많이 돌아다니게 되면서 세상을 보는 눈도 더 넓어졌겠지? 하지만 철도가 놓이면 다른 나라의 침략을 받기 쉬운 단점도 있어. 철도를 따라 군대나 빼앗은 물자를 쉽게 옮길 수 있기 때문이야.

이 때문에 일본과 서양 여러 나라들은 우리나라에 서로 철도를 놓으려고 경쟁했어. 결국 한성과 인천 사이의 경인선은 미국이 놓기로 했고, 한성과 의주를 잇는 경의선은 프랑스가 만들기로 했어. 또 한성과 부산을 연결하는 경부선은 일본이 설치하기로 했지. 그렇지만 일본은 모든 철도를 자신들이 놓고 싶었어. 그래서 돈을 주고 미국과 프랑스로부터 경인선과 경의선을 설치할 수 있는 권리를 넘겨받았어. 일본이 제일 먼저 놓은 철도는 한성과 인천을 잇는 경인선이었어. 그때부터 달리기 시작한 기차는 속도가 겨우 시속 20~30km였지만, 구경 나온 사람들에게는 '나는 새도 미처 따르지 못할 만큼' 빠르게 느껴졌다고 해.

1899년 한성과 인천을 연결하는 경인선이 처음으로 개통되었어.

여자들도 학교를 다니다

서양식으로 바뀐 생활 중에서 가장 큰 변화는 무엇이었을까? 아마 학교에 다니는 거였을 거야. 교실 책상에 앉아 칠판을 바라보며 시간표에 따라 선생님에게 배우는 것이 처음엔 무척 낯설었을 거야. 하지만 나라가 어려울수록 더욱 열심히 서양의 학문과 기술을 배워서 힘을 키워야 한다는 생각이 늘어 갔어. '배워야 산다.'는 말이 있을 정도였지.

우리나라 최초의 서양식 학교는 장사를 잘하도록 하기 위해, 서양 학문을 가르치려고 함경남도 원산 사람들이 세운 원산 학사였어. 정부도 영어와 산술 등 서양식 교육을 하는 육영 공원이란 학교를 세웠지만 곧 문을 닫고 말았지. 외국인 선교사들은 기독교인을 늘리기 위해 학교를 세워 성경과 서양 학문을 가르쳤어. 나라에서 서양식 교육을 하려고 학교를 세우기 시작한 것은 갑오개혁 때부터였어.

거리에서 학교를 오가는 학생들을 바라보는 사람들에게 제일 신기했던 건 바로 여학교에 다니는 여학생의 모습이었어. 처음엔 여자가 밖으로 나돌아 다니면 안 된다는 생각을 가진 어른들이 많아서, 여학교가 학생을 모으

기 힘들었대. 그래서 공짜로 학교에 다니게 해 주고 기숙사에 재워 주면서 학생을 모아야 했지. 다행히 점점 여학교 수나 여학생 수가 늘어났다고 해. 여자도 남자와 마찬가지로 똑같은 교육을 받아서, 장차 좋은 어머니가 되어 아이를 잘 키울 수 있어야 한다는 생각이 널리 퍼졌기 때문이야. 그렇게 해서 학교에 가는 여학생을 거리에서 볼 수 있게 된 거란다.

쟁점 토론 — 철도는 편리한 교통수단인가요? 침략의 수단인가요?

우리나라에서 가장 먼저 개통된 철도는 한성과 인천을 잇는 경인선 철도인데 1899년에 완공되었어. 그 뒤로 경부선, 경의선 등의 철도가 계속 만들어졌지. 그 당시 사람들에게 요란한 소리를 내면서 빠르게 달리는 쇳덩어리인 기차는 큰 충격이었어. 속도가 시속 20~30km에 불과했지만, 기차를 처음 보는 사람들에게는 엄청 빠르게 느껴졌어.

철도에 대한 사람들의 반응은 대조적이었어. 긍정적인 사람들은 철도를 빠르고 편리한 교통수단이라고 크게 환영했어. 철도를 통해 사람과 물자를 빨리 이동시켜 산업을 발전시키고 나라를 발전시킬 수 있다고 생각했지.

한성에서 인천까지 걸어서 하루 걸리던 것을 한 시간이면 간대!

우아! 정말? 새보다 더 빠르겠네!

반면에 부정적인 사람들은 철도가 침략의 수단이라고 생각했어. 전쟁이 벌어졌을 때 일본 군인들과 전쟁에 필요한 물자를 운반하는 역할을 한다고 생각한 거지. 그래서 일본 침략에 맞서 일어선 의병들은 철도나 철도 공사장을 공격하기도 했어.

침략의 수단인 철도를 없애 버리자!

평소에는 사람과 물건을 나르는 편리한 교통수단이지만, 전쟁이 벌어졌을 때에는 군인과 무기를 나르는 데 쓰이는 침략 수단이 되는 철도. 어떻게 생각해? 철도의 진짜 모습은 무엇일까?

그것 참! 똑같은 물건도 어디다 쓰는가가 중요하군요!

생각 넓히기

1. 생각해 보기

아래 그림은 개항 이후에 많이 달라진 종로 거리의 모습이야. 오랜만에 한성에 온 시골 사람이 바뀐 모습에 어리둥절해하고 있어. 여러 가지 변화에 대해 시골 사람은 어떻게 생각했을지 상상하여 써 보자.

2. 활동해 보기

다음은 조선이 개항했던 때를 전후해서 볼 수 있었던 여러 가지 생활 모습이야. 다음 중에서 개항 전에 주로 볼 수 있었던 모습과 개항 이후에 볼 수 있었던 모습을 구분해 보자.

개항 이전: _____

개항 이후: _____

12장 무단 통치와 문화 통치

여기는 보통학교(지금의 초등학교) 교실이야. 선생님이 아이들을 가르치고 있어.
그런데 선생님이 허리에 칼을 차고 있네. 옷도 무슨 군복 같은 제복을 입고 있어.
무슨 학교가 이렇게 무서울까? 도대체 무슨 까닭일까?

저기, 궁금한 게 있어요!

무엇이든 물어보세요!

학교에 갔는데 선생님이 너무 무서워요! 선생님이 아니라 군인 같아요! 왜 선생님이 저런 옷차림인 거죠?

그래, 많이 무섭겠구나! 그건 일본이 한국 사람들을 억압해서 꼼짝 못 하게 하려고 그러는 거야!

게다가 우리나라 말이 아니라 일본 말을 가르쳐요.

일본은 대한 제국을 병합한 뒤로, 한국 사람을 억압하기 위해 마치 군대처럼 다스렸어. 하지만 사람들이 가만히 있지만은 않았지.

1899	1907	1907	**1912**
경인선 철도가 개통되다.	신민회를 결성하고 국채 보상 운동이 시작되다.	정미 의병이 일어나다.	토지 조사 사업이 시작되다.

총칼을 앞세운 조선 총독부

　대한 제국은 1910년 8월 29일에 일본에 나라를 빼앗겼어. 그래서 이날을 온 나라가 부끄러워해야 하는 날이라는 뜻에서 국치일이라고 불렀다는 것은 앞에서 얘기했지? 일본이 대한 제국을 빼앗으며 맺은 조약 이름은 '한국 병합에 관한 조약'이야. 병합은 서로 합한다는 뜻인데, 사실은 그게 아니었어. 대한 제국이란 나라는 지구상에서 사라져 버린 거야. 대한 제국 사람이 모두 졸지에 일본 사람이 된 거지. 지금으로 치자면 한국인도 외국에 나갈 때 일본 여권을 갖고 다녀야 한다는 것과 같은 뜻이야.

　베를린 올림픽 마라톤에서 우승한 손기정 선수가 시상대에서 고개를 푹 숙이고 있는 사진 본 적 있니? 우승을 했지만 우리나라 국기인 태극기가 아니라 일본 국기인 일장기가 높이 올라가는 걸 보고 슬퍼하는 모습이야. 이

1936년에 열린 베를린 올림픽 마라톤에서 손기정이 1위, 남승룡이 3위를 차지했어. 하지만 두 선수는 일장기가 올라가는 모습을 보고 기뻐할 수 없었어.

런 일은 또 있었어. 세계 최초의 화학 섬유는 나일론이고 두 번째로 발명된 화학 섬유는 비날론이라고 해. 비날론을 발명한 사람은 이승기라는 우리나라 과학자였지. 하지만 비날론 발명국은 일본으로 기록되어 있어. 이처럼 나라를 빼앗기면 우리나라 사람이 아무리 훌륭한 일을 해도 우리나라의 업적으로 기록되지 않는 거야.

일본은 나라를 빼앗고 난 뒤에 대한 제국 사람들에게 겁을 주어서, 꼼짝 못 하고 자기들의 말을 잘 따르도록 만들려 했어. 이를 위해 조선 총독부를 세워 다스렸지. 그런데 왜 조선이라는 말을 다시 썼을까? 대한 제국을 떠올리게 하는 '대한'이란 말은 아예 없애고, 이제 한반도는 그저 일본 땅 중 하나인 조선 지역에 불과하다는 뜻으로 그렇게 한 거야. 그러고는 데라우치라는 군인을 총독으로 보냈지. 총독은 한국에서 왕과 똑같은 힘을 가졌어. 나라를 다스리고 법을 만들고, 잘잘못을 심판하며 군인을 지휘했어. 민주주의 나라에서는 나라를 다스리는 행정부, 법을 만드는 국회, 법에 따라 심판하는 법원이 따로 있잖아. 한쪽에 모든 힘을 몰아주면 안 된다고 생각하기 때문이

> 이제부터는 내가 조선의 왕이나 마찬가지다. 나라도 내가 다스리고, 법도 내가 만들고 잘잘못도 내가 심판한다!

지. 그때 일본에는 행정부와 국회, 법원이 다 있었어. 그런데도 한국 땅에서는 총독이 이 모든 걸 다 독차지했어. 요즘 말로 하면 민주주의의 반대인 독재 정치를 한 거야.

혹시 길을 걷는데 총을 든 군인이 나타나 날카로운 눈초리로 쳐다보면 어떨 거 같아? 엄청 무섭겠지. 조선 총독부는 세워지자마자 헌병이 경찰 역할을 하도록 했어. 경찰의 높은 자리도 헌병에게 주었어. 헌병이란 원래 군대에서 경찰 노릇을 하는 군인을 말해. 그러니까 군인이 경찰 노릇을 한 셈이야. 그래서 이들을 헌병 경찰이라고 불렀어. 경찰은 본래 사람들이 마음껏 거리를 다닐 수 있도록 안전을 지켜 주는 사람들이잖아. 그런데 헌병이 경찰 노릇을 하면서 한 일은 한국인을 감시하는 거였어. 혹시 독립운동을 하고 있는 것은 아닌지 감시했어. 헌병 경찰은 재판관 노릇도 했어. 죄를 지으면 재판에 넘기지 않고 저지른 죄에 따라 어떤 벌을 줄지 결정할 수 있었고, 사람들끼리 다툴 때 옳고 그름을 판단할 수 있는 힘도 가졌지. 또 세금도 걷었어. 큰 칼을 찬 헌병 경찰이 세금을 걷는 장면을 상상해 봐. 나라 잃은 것

헌병 경찰
한국인들을 감시했던 헌병 경찰의 모습이야. 이런 모습의 헌병 경찰이 거리에서 감시를 했다니 정말 무서웠을 거야.

도 서러운데 정말 숨이 콱 막혔을 거야. 이렇게 한국인을 옴짝달싹 못 하게 다스린 것을, 군인이 무력으로 다스렸다는 뜻에서 무단 통치라고 불러. 그때 사진들을 들여다보면 무단 통치라는 말이 주는 으스스한 기분을 느낄 수 있어. 헌병 경찰만이 아니라 공무원이나 교사들까지도 제복을 입고 큰 칼을 찬 채 뻣뻣한 자세를 취하고 있거든. 그래서 앞(142~143쪽)에서 보았던 것처럼 선생님이 칼을 차고 제복을 입은 채로 수업을 하고 있었던 거야.

한국인을 차별하다

앞에서도 이야기했듯이 일본이 강제로 나라를 빼앗은 뒤 한국 사람은 이제 일본 사람이 되었어. 외국에서 한국 사람은 일본 국민으로 대우받았지. 일본은 겉으로는 한국 사람과 일본 사람을 차별하지 않는다고 했지만, 실제로는 여러 가지로 차별 대우를 했어. 요즘 동사무소 같은 데서 볼 수 있는, 가족 관계가 기록된 장부인 가족 관계 등록부를 그때는 호적이라고 불렀는데, 일본인 호적과 한국인 호적을 따로 만들었어. 한국인은 절대로 일본인과 같은 호적을 만들 수 없었지. 호적만 딱 펼쳐 보면 한국인인지 일본인인지 알 수 있는데, 똑같이 대한다는 말을 믿을 수 있겠어?

법도 일본에는 있지만 한국에는 없는 법들이 있었어. 예를 들면 국민의 의사를 대표하는 국회 의원을 뽑을 수 있는 법이 없었어. 일본인과 한국인을 똑같이 대하고 있다는 조선 총독부에 이런 일들에 대해 따져 물으면 대답은 항상 똑같았어. '한국인들은 선거로 대표를 뽑을 만한 능력이 없다. 한국인은 아직 미개하다.'는 거였어. 기분 나쁘지? 그렇다면 똑같이 대우한다는 말이나 하지 말아야지.

일본은 한국인에게서 신문을 발행하거나 책을 만들거나, 함께 모여 의견을 말하거나 단체를 만들 수 있는 자유도 몽땅 빼앗았어. 조선 총독부가 제일 먼저 한 일이 한국인들이 만들던 신문을 없애고 원래 있던 단체들을 모조리 없애 버린 거야. 얼마나 철저했느냐 하면 일본에 '제발 빨리 대한 제국을 합병해 주세요.'라고 부탁하는 글을 발표했던 친일 단체인 일진회마저도 없애 버렸어. 이 때문에 일진회장인 이용구는 화병을 앓다가 죽었다고 해. 종교 단체들만이 조선 총독부가 없애지 않아 겨우 살아남았어. 신문이라고는 조선 총독부에서 한글로 발행하는 《매일신보》만 남아 있었지.

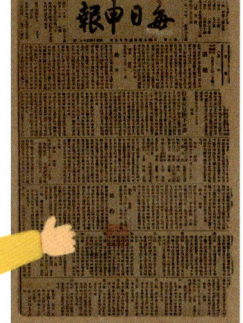

《매일신보》

그런데 더 기막힌 일은 범죄를 저지른 사람에게 곤장을 치는 벌이 다시 생긴 거야. 이렇게 곤장을 치는 벌을 태형이라고 불러. 그 당시에 아무리 죄를 지었어도 몸에 직접 상처를 내는 건 사람의 도리가 아니라고 생각해서, 여러 나라에서 직접 매를 때리는 벌은 모두 없앴어. 우리나라에서도 벌써 갑

태형 형판

오개혁 때 없앴지. 그걸 일본이 한국을 다스리면서 다시 되살린 거야. 일본이 한국인들을 얼마나 무시했는지 알 수 있겠지? 결국 조선 총독부의 무단 통치에 단단히 화가 난 한국 사람들이 3.1 운동을 일으키자 일본은 놀라 태형을 없애 버렸어. 3.1 운동에 대해서는 다음에 좀 더 자세히 알아보자.

조선 총독부, 뒤로 물러서다

3.1 운동이 일어났을 때 일본은 깜짝 놀랐어. 전혀 예상하지 못했거든. 그렇게 총칼과 곤장으로 위협했는데도 기가 죽기는커녕 오히려 죽음도 두려워하지 않고, 2달 넘게 전국에서 독립 만세를 불렀다는 사실이 믿기지 않았던 거야. 일본에서는 한 번도 본 적이 없는 일이었지. 그래서 3.1 운동 뒤에 일본이 제일 먼저 한 일이 총독을 바꾸는 거였어. 새로 온 사이토 총독도 경성에 도착한 첫날부터 곤욕을 치렀어. 하얀 수염이 난 60살 노인인 강우규가 경성역에서 그의 마차를 향해 폭탄을 던지고 유유히 사라졌거든.

3.1 운동 당시 종로에서 만세를 부르는 모습이야.

죽음의 위기를 넘긴 사이토 총독은 한국인을 달래기 위해 다스리는 방식을 예전보다 부드럽게 바꿨어. 이걸 문화 통치라고 불러. 먼저 꼭 군인이 아니어도 총독이 될 수 있도록 법을 바꾸었어. 겉으로는 그럴 듯해 보이지만 실제로 해방될 때까지 항상 군인만 총독으로 왔어. 또 한국인들이 칼을 찬 헌병 경찰을 싫어한다는 걸 안 조선 총독부는, 이 때부터 헌병은 모두 군대로 돌려보내고 경찰이 경찰 일을 보도록 했어. 요즘으로 치면 순경에 해당하는 순사도 한국인으로 뽑기 시작했지. 참, 공무원이나 교사들도 제복을 벗고 칼을 차지 않도록 했어. 조금 숨통이 트였을 것 같지? 그렇지 않았어. 한국인을 믿지 못하는 일본은 경찰서와 경찰의 숫자를 3~4배 정도로 크게 늘렸어. 한국인에 대한 감시를 더욱 강화하기 위해서였지.

이제부터는 잘해 줄게! 헌병은 군대로 돌려보내고, 선생님이 칼 차는 것도 못 하게 할게!

하지만 경찰의 수는 많이 늘릴 거야.

그리고 일본은 한국인에게 정치에 참여할 수 있는 권리를 주는 것처럼 했어. 당시 일본에서는 국회 의원을 선거로 뽑았지만 한국에는 국회 의원 선거 제도가 없었어. 일본은 한국인들을 달래기 위해 사람들의 의견을 듣는 협의회라는 걸 만들고, 그 회원을 선거로 뽑도록 했지. 하지만 이것도 흉내만 낸 거라고 할 수 있어. 왜냐하면 일정 액수 이상의 세금을 내는 사람들에게만 회원에 출마하거나 투표할 수 있는 자격을 주었거든. 돈이 많은 부자들만 회원이 될 수 있도록 한 거야. 왜 그랬을까? 부자들을 자신들의 편으로 만들기 위해서야. 조선 총독부는 돈이나 땅이 많은 사람, 지식이 많은 사

"하지만 무슨 글을 실을 건지 먼저 보여 줘야 해!"

"그리고 신문이나 책도 만들 수 있도록 해 줄게!"

람을 자기들 편으로 끌어들여 친일파로 만들려고 했어. 친일파의 수를 늘려서 한국인들이 단결하지 못하고 서로 싸우도록 하려는 거였지.

또한 일본은 신문을 만들고 책을 내고 모임을 가질 수 있는 자유를 다시 주었어. 이걸 전부 못 하게 한 것이 한국인들을 성나게 만든 거라고 생각했기 때문이야. 그렇지만 조선 총독부나 일본을 비판하는 건 절대 할 수 없었어. 만일 그럴 기미만 보여도 신문이나 잡지를 내지 못하게 했거든. 생각해 봐. 신문이나 잡지에 실릴 글을 미리 보고 일본에 비판적인 것은 모두 싣지 못하도록 했으니, 신문이나 잡지가 제대로 나올 수 있겠어? 하지만 한국 사람들은 주눅 들지 않았어. 《동아일보》, 《조선일보》와 같은 신문을 만들고 《개벽》 같은 잡지를 만들어 서로의 생각을 나누기도 하고, 여론을 만들어

이 당시에 창간된 《조선일보》와 《동아일보》, 그리고 잡지 《개벽》의 사진이야.

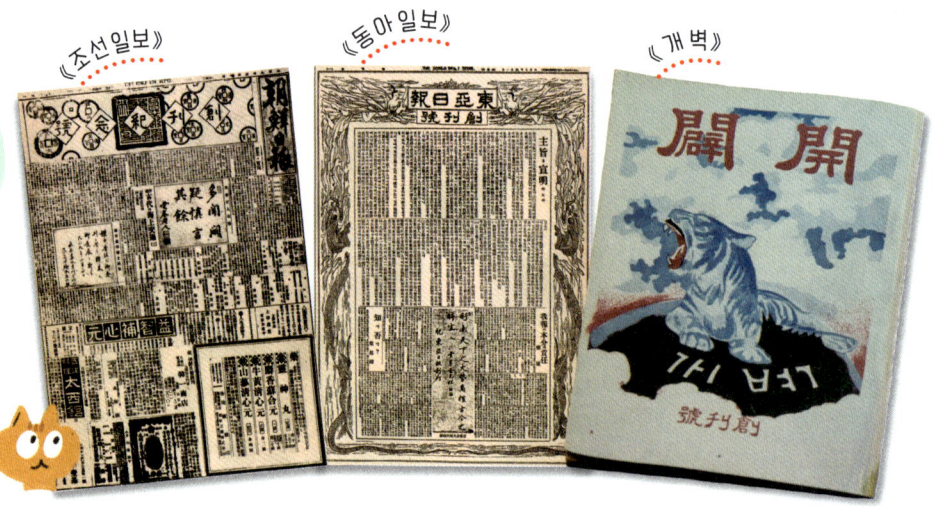

일본에 여러 가지 요구를 하기도 했어. 단체는 하룻밤 자고 나면 수십 개가 생길 정도로 많이 생겨났지. 조선 총독부가 어쩔 수 없이 내준 자유를, 한국 사람들은 수십 배, 수백 배 실컷 이용하여 일본의 통치를 비판하고 독립에 필요한 힘을 모아 나간 거야.

토지를 조사하고 쌀을 빼앗아 가고

일본은 나라를 빼앗은 뒤에 한국을 다스리는 데 필요한 돈을 일본에서 가져오지 않고 한국에서 세금을 걷어 쓰려고 했어. 한국에서는 땅에 매기는 세금이 제일 많이 걷혔어. 그러니까 땅에 세금을 제대로 매겨야 했겠지? 일본은 세금을 제대로 걷기 위해 땅의 주인을 확인하고 땅의 크기와 가격을 조사하는 사업을 벌였어. 이걸 토지 조사 사업이라고 하는데 8년이 넘게 걸렸지. 전국에 있는 모든 땅의 크기를 재고 땅 주인이 누구인지를 적은 서류를 정리하느라 오래 걸린 거야. 조선 총독부와 한국

토지 조사 사업
일본은 세금을 제대로 걷기 위해 토지를 측량해서 땅의 크기와 주인을 정확하게 정리했어.

인 사이에 갈등이 생겨 재판까지 가는 경우도 종종 있었어. 일본은 땅 주인이 누구냐, 그러니까 어떤 사람의 것이냐를 알려고 했는데, 이는 땅 주인을 정확하게 알아야 세금을 쉽게 걷을 수 있기 때문이야. 그런데 한국에는 옛날부터 마을 사람들이나 집안사람들이 공동으로 갖고 있어서, 딱 한 사람을 주인으로 정하기 어려운 땅들이 많았거든. 조선 총독부는 이런 땅들을 대부분 나라의 땅으로 만들었어. 이처럼 샅샅이 조사한 덕분에 세금을 매길 수 있는 땅이 50% 넘게 늘었고 세금도 2배 정도 증가했어.

한편 제1차 세계 대전이 일어나고 유럽이 전쟁터가 되어 공장이 제대로 돌아가지 않게 되자, 일본은 유럽 사람들이 필요로 하는 상품을 수출하여 잘살게 되었어. 다른 나라로부터 돈을 빌리는 나라에서 돈을 빌려주는 나라가 되었지. 그런데 공장이 늘고 노동자가 많아지면서 농사지을 땅과 사람이 부족해졌어. 이 때문에 쌀이 모자라게 되자 쌀값이 폭등하고 말았어. 그래서 3.1 운동이 일어나기 직전에 일본에서는 노동자들이 정부에 항의하는 큰 소동이 일어나기도 했어. 그러자 일본은 한국에서 많은 쌀을 생산하여 일본으로 가져갈 계획을 세웠어. 이걸 산미 증식 계획이라고 불러. 쌀을 많이 생산하기 위해서는 먼저 논을 늘려야 했고, 그래서 바다를 막아 논을 만들었어. 또 논에 물을 대기 위해 저수지도 많이 만들었지. 쌀을 많이 생산할 수 있는 볍씨를 농민들에게 나누어 주기도 했어. 이렇게 해서 쌀이 많이 생산되기는 했지만, 일본으로 나가는 쌀이 점점 많아지고 인구도 계속 늘어나면서 한 사람이 먹는 쌀의 양은 점점 줄어들었어. 일본은 한국인들에게는 만주에서 나오는 좁쌀을 가져다 먹도록 했어. 나라가 없다고 해서 쌀도 못 먹고 좁쌀을 먹어야 하다니, 얼마나 서러운 일이었을까? 게다가 일본이 쌀 생산을 늘리기 위해 비료를 쓰라고 하면서 비료 값을 내게 하고, 논에 물을 대는 데 드는 돈까지 거두어 가니 농민들은 더욱 살기가 힘들었지.

그렇다면 쌀을 수출하여 돈을 번 사람들은 누굴까? 땅 주인, 그러니까 지주라고 불리던 사람들이었어. 일본인 지주도 있었고 한국인 지주도 있었어. 지주들은 농사는 짓지 않으면서 땅만 빌려주고, 농사지은 것의 반 이상을 소작료로 가져갔어. 소작료란 땅을 빌려 농사를 지은 대가로 지주에게 주는 사용료를 말하는 거야. 지주들은 그렇게 거둔 쌀을 시장에서 팔아 돈을 벌 수 있었기 때문에, 농민에게 이러저러한 이유를 대며 쌀을 더 거두려고 했

지. 농민들은 지주에게 저항하기도 했지만, 소작료를 감당할 수 없거나 세금도 낼 수 없는 형편이 되면 정든 고향을 떠났어. 산속으로 들어가 화전을 일구거나 도시로 나와 공장 노동자가 되었어. 또 나라를 떠나 만주로 가서 농사를 짓거나 일본으로 건너가 노동자가 되기도 했지. 나라가 없어지고 일본이 다스리게 되자, 자기 땅이 없는 농민들이 누구보다 힘들어진 거야.

쟁점 토론 — 일본의 식민지가 된 것이 우리나라가 발전하는 데 도움이 되었나요?

 우리나라가 일본의 식민지로 있을 때 철도와 도로가 건설되고 공장도 많이 세워졌어. 또 근대식 건물도 세워지고 회사도 많이 만들어졌지. 겉으로 보면 경제가 성장했다고 할 수 있어.

이처럼 식민지 시대에 발전한 것을 강조하는 사람들은 다음과 같이 주장해.

> 일본이 한국을 다스릴 때, 일본은 한국에 철도와 도로를 건설하고 공장을 지었습니다. 또 회사도 늘어났고 일하는 노동자 수도 늘었으며, 공업화 정책으로 경제도 꾸준히 성장했습니다. 이런 것들이 해방 이후에 한국에서 경제가 성장하는 데 큰 역할을 했습니다. 그러니까 한국은 일본의 식민지였기 때문에 오늘날 잘살게 된 것입니다.

반면에 이러한 주장에 반대하는 사람들은 다음과 같이 이야기하지.

> 한국이 일본의 식민지였을 때 분명히 숫자상으로는 경제가 성장했습니다. 하지만 그것은 한국인이 아니라 일본인을 위한 경제 성장이었습니다. 회사와 공장이 늘어났지만, 대부분 일본이 전쟁을 하기 위해 필요한 물자를 만들었습니다. 한국은 해방 이후 6.25 전쟁으로 모든 걸 잃고 다시 시작해야 했습니다. 그러므로 식민지 때의 경제 성장으로 한국이 잘살게 된 것은 아닙니다.

어떻게 생각해? 일본이 우리나라를 다스릴 때의 경제 성장이 해방 후에 우리나라가 발전하는 데 어떤 역할을 했을까?

> 같은 사건을 보고도 정반대로 생각하는군요!

생각 넓히기

1 생각해 보기

일본은 대한 제국을 차지한 뒤에 사람들에게 겁을 주어 꼼짝 못 하게 만들려고 했어. 그래서 헌병 경찰을 두어 사람들을 감시하고, 아이들을 가르치는 교사까지 칼을 차고 다니게 했지. 일본이 이렇게 무단 통치를 한 이유가 무엇인지 생각해 보자.

_____
_____
_____

2 활동해 보기

일본은 3.1 운동이 일어난 뒤에 아래와 같이 다스리는 방식을 부드럽게 바꾸었어. 일본이 이처럼 다스리는 방식을 바꾼 이유는 무엇일까? 그리고 실제로 나타난 변화는 무엇인지 써 보자.

이제부터는 잘해 줄게! 신문이나 책도 만들 수 있도록 해 줄게!

하지만 무슨 글을 실을 건지 먼저 보여 줘야 해!

그리고 헌병은 군대로 돌려보내고, 선생님이 칼 차는 것도 못 하게 할게!

하지만 경찰의 수는 많이 늘릴 거야.

 다스리는 방식을 바꾼 이유

_____
_____
_____

 실제로 나타난 변화

_____
_____
_____

13장 3.1 운동과 대한민국 임시 정부

여기는 어느 농촌 마을의 장터야. 사람들이 태극기를 들고 행진하고 있어. 남자, 여자 가릴 것 없이 만세를 부르고 있네. 그런데 어른들뿐만 아니라 어린이들도 만세를 부르고 있어. 어린이들은 어떻게 만세 운동에 참가하게 된 걸까?

질문 있어요!

저기, 궁금한 게 있어요!

무엇이든 물어보세요!

이제 우리나라는 독립이 되겠죠? 이렇게 많은 사람들이 모여서 독립 만세를 외쳤으니 일본도 그만 물러나지 않을까요?

그렇게 된다면 얼마나 좋겠니? 하지만 쉽게 물러나지는 않을 거야.

그럼 이제 어떻게 될까요? 일본이 더 무섭게 굴까요?

3.1 운동에는 남자, 여자, 어른, 어린이 등 모두가 참가했어. 나라의 독립을 향한 사람들의 의지가 그만큼 확고했다는 거야.

1919 3.1 운동이 일어나다.

1920 봉오동 전투와 청산리 전투에서 대승을 거두다.

1922 방정환, 어린이날을 제정하다.

1929 광주 학생 운동이 일어나다.

어린이도 참가한 3.1 운동

앞에서 3.1 운동에 놀란 일본이 한국의 지배 방식을 무단 통치에서 문화 통치로 바꿨다고 했지? 이번에는 3.1 운동에 대해서 자세히 알아보자. 3.1 운동은 일본의 지배를 받던 1919년에, 민족이 하나가 되어 독립을 하기 위해 일으킨 독립 만세 운동이야. 너무 유명한 사건이라 모두 알고 있을 거야. 3월 1일에 시작되었기 때문에 3.1 운동이라고 하지. 그날 경성, 그러니까 지금의 서울과 여러 도시에서 독립 만세를 외치는 시위가 일어났어. 3.1 운동이라는 이름 때문에 3월 1일 하루 동안 일어난 시위라고 생각하기 쉬운데 그건 아니야. 만세 시위는 매일매일 이어지면서 농촌 마을로, 산골짜기로 점점 번져 나갔어. 2달이 넘게 전국에서 사람이 모이는 곳이면 어디에서든 만세 소리를 들을 수 있을 정도였어.

덕수궁 앞에서 사람들이 만세를 부르는 모습이야. 정말 많은 사람들이 모여서 대한 독립 만세를 외쳤단다.

그럼 3.1 운동은 왜 일어났을까? 앞에서 일본이 총칼을 앞세워 통치하면서 한국인의 자유를 빼앗고 농민을 어려움에 빠뜨렸다고 했잖아. 이 때문에 화가 난 한국인들이 일본의 통치에 저항하여 독립을 외친 거야. 가장 먼저 일어난 경성의 시위 모습을 살펴볼까? 3월 1일에 탑골 공원에서 독립 선언서를 읽고 독립 만세를 부른 학생들과 시민들은 종로 거리로 나가 행진을 시작했어. 그러자 시위를 막기 위해 군인과 헌병들이 나타났지. 종로 거리는 시위하는 사람들과 시위를 막으려는 사람들로 하루 종일 북적댔다고 해. 경성에서 일어난 시위는 계속 이어졌어. 학생은 학교에 가지 않고, 상인은 가게 문을 닫고, 노동자는 일을 하지 않고 거리로 나섰어. 전차 승무원까지 전차 운행을 하지 않고 시위에 참여했다고 해.

또 농촌에서는 사람들이 많이 모이는 장날에 만세 시위를 했어. 시위를 준비한 사람이 장터의 높은 자리에 올라가 연설을 하고 독립 선언서를 낭독한 뒤에, 모인 사람들과 같이 만세를 불렀어. 그런 뒤에는 나팔을 불거나 농

악대가 사람들을 불러 모아 태극기를 흔들며 행진에 들어갔지. 면사무소나 파출소 앞에 가서는 '왜놈은 물러가라.'고 목청껏 외쳤어. 농촌에서도 시위를 하면 헌병이나 경찰이 막아섰고, 총을 쏘아 사람들을 죽이기까지 했어.

이처럼 3.1 운동이 전국에서 2달 동안이나 이어진 이유가 뭘까? 처음엔 시위를 준비한 사람들의 역할이 컸어. 천도교 지도자 손병희와 기독교 지도자 이승훈, 불교 지도자 한용운, 그리고 학생 대표들이 애를 많이 썼지. 그들은 독립운동을 이끌 지도자를 모으고 독립 선언서를 만들면서 시위를 준비했어. 3월 1일에 종교인 33인의 이름을 써 넣은 독립 선언서가 낭독되었는데, 이 33인을 민족 대표라고 불러. 민족 대표들은 태화관이라는 음식점에 모여 독립 선언서를 읽고 만세를 부른 뒤 바로 경찰에 잡혀갔어. 같은 시각 탑골 공원에 모여 있던 학생들과 시민들이 독립 기념식을 하고, 거리로 나가 시위를 펼치면서 3.1 운동이 시작되었던 거야. 종교인과 학생들이 계획한 시위는 2주 동안 평안도, 함경도, 황해도를 중심으로 계속되었어. 그 후에는 한국 사람이면 누구나 시위를 조직하고 참여하면서 시위가 전국으로 퍼져 나갔지. 이렇게 모든 사람들이 스스로 시위에 참여했기에 3.1 운동이 전국에서 2달 동안이나 이어질 수 있었던 거야.

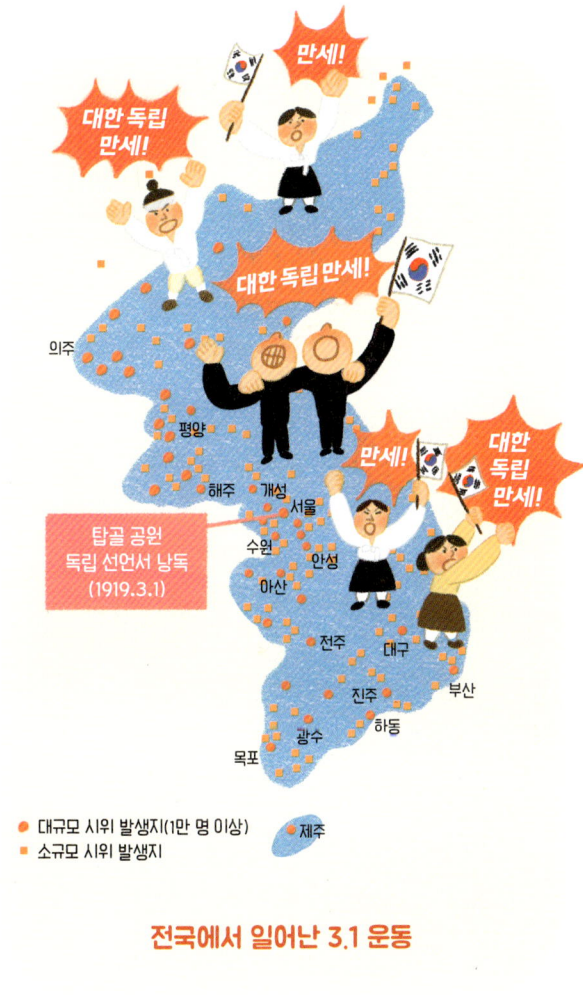

전국에서 일어난 3.1 운동

만세 시위에는 어린이들도 참가했어. 4~5세의 어린이나 보통학교 학생들까지 작은 태극기를 들고 만세를 부르며 독립운동에 참여했다니 정말 놀랍지? 그래서 앞(158~159쪽)에서 보았던 만세 운동 현장에 어린이들도 있었던 거야. 일본 사람들은 만세 운동에 참여하거나 이를 지켜본 어린이들이, 나중에라도 독립운동이 있었다는 걸 기억하게 될까 봐 걱정했다고 해. 또 독립운동을 일으킬까 봐 말이지. 한국 사람이면 누구든 만세 시위를 이끌거나 참가하면서 3.1 운동이 계속되었다는 걸 생각하면, 정말 그 당시 사람들이 대단했던 것 같아. 학교 선생님조차 군복 같은 옷에 칼을 차고 가르치던 때라 무서웠을 텐데 말이야.

3.1 운동에 놀란 세계

3.1 운동이 일어나자 일본은 깜짝 놀랐어. 전혀 예상하지 못한 일이었거든. 그래서 급한 마음에 시위하는 사람들에게 총을 쏘라고 경찰이나 군인에게 명령했어. 그런데도 시위가 계속되자 일본은 한국에 있는 군인만으로는 부족하다고 생각하여, 일본에 있는 군인을 한국으로 보냈어. 그들이 총을

쏘아 대면서 죽거나 다치는 사람들의 수가 점차 늘어났지. 4월 15일에는 수원의 제암리라는 곳에서 29명의 주민을 교회에 몰아넣은 다음 총을 쏘고 불을 질러 죽이는 끔찍한 일도 일어났어. 이 사건이 세계에 알려지면서 미국, 영국 등 많은 나라 사람들이 일본을 야만적이라며 손가락질했어.

한편 중국 사람들은 우리나라에서 일어난 3.1 운동에 큰 감동을 받았어. 그 당시 일본은 한국에 이어 중국을 차지하려고 호시탐탐 노리고 있었지. 중국 사람들은 독립이 어렵다는 걸 알면서도 목숨을 바쳐 독립을 외친 한국 사람들을 본받아, 중국도 일본으로부터 나라를 지켜야 한다고 외쳤어. 마침내 중국 사람들도 1919년 5월 4일에 베이징에서 일본으로부터 나라를 구하자는 운동을 일으켰어. 이걸 5.4 운동이라고 불러. 5.4 운동도 중국 전역으로 번져 2달 동안이나 계속됐어.

하지만 무엇보다 3.1 운동에 감격한 사람들은 고향을 떠나 다른 나라에 살고 있던 한국 사람들이었을 거야. 중국 땅에 사는 한국인들도 만세 시위를 벌였지. 한국 땅과 맞닿아 있어 3.1 운동 소식을 가장 빨리 알게 된 간도 지방에서는 곳곳에서 큰 시위가 일어났어. 미국에서도 3.1 운동 소식을 듣자마자 이민 간 사람들이 함께 모여 독립을 다짐하는 대회를 열었어. 독립

간도에 사는 우리 한국인들은 1919년 3월 13일, 용정 서전 평야에 모여서 태극기를 흔들며 시위를 벌였어.

미국에 있는 우리 한국인들도 필라델피아에 모여서 만세 운동을 벌였지.

협회를 이끌다 미국으로 건너간 서재필은 4월에 필라델피아에서 한국인들을 모아 한인 자유 대회를 열었어. 한국에서와 마찬가지로 독립 선언식을 하고 시가행진을 했다고 해. 나라를 떠나 멀리 다른 나라에 살고 있어도 독립을 바라는 마음은 모두 똑같았던 거야.

대한민국 임시 정부의 탄생

혹시 우리나라의 헌법 제1조가 뭔지 아니? 바로 '대한민국은 민주 공화국이다.'야. 그럼 3.1 운동이 한창이던 1919년 4월 상하이에 세워진 대한민국 임시 정부가 만든 헌법의 제1조는 뭘까? 그 또한 '대한민국은 민주 공화제로 한다.'야. 똑같은 내용이지? 그러니까 지금 우리 헌법은 아직 나라가 없던 시절에 세워진 대한민국 임시 정부의 헌법으로부터 나온 셈이야. 나라 이름인 대한민국도 이때 만들어졌어.

3.1 운동이 전국으로 퍼져 나가면서 독립운동의 방향과 방법을 알려 주는 곳이 있었으면 좋겠다는 생각이 더욱 간절해졌어. 나라가 망했을 때부터 독립을 이루기 위해 임시 정부를 세우려는 노력이 있었는데, 3.1 운동이 나라 안팎으로 퍼져 나가면서 곳곳에서 임시 정부가 생겨났지. 가장 먼저 러시아의 블라디보스토크에 임시 정부가 만들어졌어. 이름은 대한 국민 의회였어. 대한 국민 의회는 3월에 손병희를 대통령으로 하여 정부 수립을 선포했어. 물론 손병희는 당시 민족 대표로 독립 선언서에 이름을 올렸기 때문에 일본 경찰에 잡혀 감옥에 있었지만 말이야. 뒤이어 4월에는 상하이와 경성에 임시 정부가 등장했어. 상하이에 세워진 임시 정부는 앞에 얘기한 것처럼 나라 이름을 대한민국으로 하고, 왕의 나라가 아니라 국민 모두가 주인이 되

는 민주주의 국가를 세우기 위한 헌법을 발표했지. 경성에서는 미국에 있던 이승만을 대통령으로 하는 한성 정부를 세운다는 선언이 발표되었어.

그런데 임시 정부가 세 개나 되니까 힘을 모으는 게 어려울 것 같다는 생각이 들지 않니? 그때 임시 정부를 만든 사람들도 똑같은 생각을 했어. 그래서 세 곳의 임시 정부를 하나로 통합하려고 했어. 상하이 대한민국 임시 정부가 제일 열심히 노력했지. 결국 상하이 임시 정부와 러시아의 대한 국민 의회, 그리고 한성 정부를 하나로 통합하고, 위치는 상하이에 두는 것으로 결정했어. 그렇게 해서 세 곳의 임시 정부가 합쳐져 상하이에 대한민국 임시 정부를 수립하고, 한성 정부가 추대했던 이승만을 대통령으로 삼았어.

임시 정부는 처음엔 활기차게 활동했어. 멀리 상하이에 있긴 했지만, 한국에서 독립운동을 하는 사람들과 연락도 하고 활동에 필요한 돈도 모았지. 중국과 일본에 사는 한국 사람들을 돕거나 또는 도움을 받기도 했어. 임시 정부는 다른 나라의 도움을 받고자 외교 활동에도 힘썼어. 미국의 워싱턴, 필라델피아, 그리고 프랑스 파리에 외교 활동을 위한 사무실을 마련하고, 한국 사람들이 얼마나 독립을 원하는지 알리기 위해 힘썼지. 하지만 임시 정부의 활동은 곧 어려움에 처하고 말았어. 한국에 있는 사람들과 연락하는

1921년 1월 1일에 임시 정부에서 활동했던 사람들이 모여서 찍은 사진이야.

상하이에 있던 대한민국 임시 정부 청사의 모습이야.

길을 일본이 막아 버렸거든. 게다가 상하이에 모여서 외교에 힘쓰기보다는 직접 무기를 들고 일본과 싸워야 한다고 주장하는 사람들도 있었는데, 그들이 일본과 싸우기 위해 하나둘 임시 정부를 떠났어. 이때부터 임시 정부는 여러 가지 어려움을 겪었지만, 꾸준히 독립운동을 벌이면서 해방을 맞을 때까지 계속 활동했단다.

인물 탐구

유관순은 어떻게 3·1 운동에 참가하게 되었나요?

유관순이라는 이름을 들어 본 적이 있니? 유관순은 이화 학당에서 공부하던 중, 3·1 운동이 일어나자 독립 만세 시위에 참가했어. 3월 5일에는 1만여 명이 참가한 남대문역 앞 만세 시위에도 참가했지.

학교가 문을 닫자 고향인 병천으로 내려온 유관순은 독립 선언서와 태극기를 만들면서 만세 시위를 준비했어. 드디어 4월 1일 병천 아우내 장터에서 3천여 명이 넘는 사람들이 모여 독립 만세를 외쳤지. 이날 시위에서 유관순의 아버지와 어머니가 죽었고, 유관순은 헌병에 체포되어 감옥에 갇혔어.

서대문 형무소에 갇혀 있던 유관순은 1920년 3월 1일에 3·1 운동 1주년을 기념하여 감옥 안에서 독립 만세를 외치는 일에 또다시 앞장섰어.

 이 사건 때문에 심한 매질과 고문을 당한 유관순은 결국 1920년 9월 28일 19세의 나이로 감옥에서 죽음을 맞이하고 말았단다.

 나이 어린 여학생까지 고문으로 죽게 만들다니, 너무 심하군요!

생각 넓히기

1  생각해 보기

3.1 운동에는 어른들은 물론이고 어린이까지 참여하여 만세를 불렀어. 이처럼 어린이들이 3.1 운동에 참여한 것에 대해 어떻게 생각하는지 자신의 생각을 써 보자.

_____
_____
_____

2 활동해 보기

2019년은 1919년에 대한민국 임시 정부가 수립된 지 100년이 되던 해야. 프랑스는 프랑스 혁명 100주년을 기념해서 에펠탑을 세웠고, 미국은 미국 독립 100주년을 기념해서 자유의 여신상을 세웠어. 우리나라는 대한민국 임시 정부 수립 100주년을 기념해서 무엇을 세웠으면 좋았을지 그려 보고 그 이유를 써 보자.

프랑스

미국

우리나라

 만들고 싶은 것 그리기 　　　 이유는?

_____
_____
_____
_____
_____

14장 국내의 독립 투쟁

여기는 나주역 앞이야. 한국 학생들과 일본 학생들 사이에 싸움이 벌어졌어.
한국 학생들이 무척 화가 많이 났네. 저기 경찰도 뛰어오고 있어.
무슨 일일까? 왜 서로 싸우고 있는 걸까?

1919	1920	1922	**1929**
3.1 운동이 일어나다.	봉오동 전투와 청산리 전투에서 대승을 거두다.	방정환, 어린이날을 제정하다.	광주 학생 운동이 일어나다.

민족을 위하여, 노동자와 농민을 위하여

3.1 운동이 끝나고 난 후 믿기지 않는 일들이 일어났어. 소리 높여 독립을 외쳤지만 결국 꿈을 이루지 못했으니, 실망하고 포기하는 사람들이 많았을 것 같지? 그런데 사람들은 이에 굴하지 않고 또다시 독립을 꿈꾸며 단체를 만들고 신문과 잡지를 펴냈어. 직접 무기를 들고 싸우기 위해 나라 밖으로 나가는 사람들도 늘어났지. 모두들 독립을 위해 열심히 활동했어.

독립을 바라는 마음은 모두 같았지만, 독립을 이루는 방법에 대해서는 서로 생각이 달랐어. 먼저 얼른 우리 민족의 실력을 키워서 독립을 해야 한다고 생각하는 사람들이 있었어. 이들을 민족주의자라고 해. 교육을 통해 학생들을 많이 가르치고 산업을 발전시켜서 독립할 수 있는 힘을 키우자는 거지. 앞에서 보았던, 을사조약 체결 이후에 일어난 계몽 운동과 비슷하다고 할 수 있어. 교육이 중요하다고 생각한 사람들은 대학을 세우기 위한 운동을 벌였어. 그때 한국에는 대학이 하나도 없었거든. 이걸 민립 대학 설립 운

스스로의 힘으로 대학을 세우기 위해 만든 민립 대학 기성회는 전국적으로 모금 운동을 벌였어.

조선 민립 대학 기성회 창립 총회 기념사진

동이라고 해. 민립 대학이란 사람들이 스스로 세운 대학이란 뜻이야. 전국에서 대학을 세우는 데 필요한 돈을 모았지. 하지만 일본이 계속 방해하고 돈도 생각만큼 모이지 않아 결국 성공하지 못했어. 민립 대학 설립 운동에 놀란 일본은 서둘러 경성 제국 대학의 문을 열었어. 그렇지만 일본이 대학을 세운 것은 한국 사람을 가르치기 위한 것이 아니라 일본에 충성하는 사람을 키우기 위한 것이었어.

  산업 발전이 중요하다고 생각한 사람들은 우리나라 물건을 쓰자는 운동을 벌였어. 일본의 물건을 쓰지 말고 한국 회사에서 만든 물건을 쓰자는 운동이었지. 그래야 한국의 산업이 발전할 수 있으니까 말이야. 이를 물산 장려 운동이라고 해. 우리나라보다 산업이 발달한 일본의 품질 좋은 제품이 세금도 내지 않고 들어와 싸게 팔리면서, 한국 회사들이 사정이 어려워졌어. 이처럼 경제적으로 일본에 의존하게 되면 독립은 어렵다며, 한국 회사가 만든 것을 입고 먹고 쓰자는 주장이 나온 거야. 그들은 '내 살림 내 것으로'란 구호를 외쳤어. 그들의 구호가 귀에 쏙 들어오지? 물산 장려 운동을 벌인 사람들은 전국을 돌아다니며 강연하고 전시회를 열었어. 그 덕에 사람들이 한국 회사에 단체로 모자를 주문하면서, 일본과 중국 모자보다 더 많이 팔리는 일이 생기기도 했지. 물산 장려 운동이 성공했을 것 같지? 그런데 그렇지 않

았어. 한국 회사들은 사람들이 필요로 하는 만큼 물건을 많이 만들 수 있는 능력이 없었거든. 물건이 모자라니 물건 값이 오르게 되고, 결국 회사와 상인들만 이익을 보게 됐어. 그러면서 물산 장려 운동도 시들해지고 말았어.

한편 민립 대학 설립 운동과 물산 장려 운동이 일어났을 때, 그 운동이 잘못되었다고 주장하는 사람들이 있었어. 대학을 다니고, 물건을 만들어 팔 능력이 있는 사람들은 돈이 있는 사람들이라는 거야. 돈이 있는 사람들을 도와주는 것보다는 가난한 노동자나 농민을 돕고, 그들의 힘을 모으는 게 중요하다고 생각한 사람들이었지. 이들을 사회주의자라고 해. 이들은 노동자나 농민이 중심이 되어 이끌어 가는 나라를 만들자고 주장했어. 그래서 이들은 파업과 소작 쟁의, 동맹 휴학이 일어날 때마다 달려가서 도왔어. 파업이란 노동자들이 월급을 올리고 일하는 시간을 줄여 달라고 항의하는 것을 말하고, 소작 쟁의는 농민들이 소작료를 낮춰 달라고 항의하는 것을 말하는 거야. 또 동맹 휴학은 학생들이 일본인 교장과 교사가 깔보는 데 항의하며 학교에 가지 않는 것을 말하지. 노동자와 농민을 중요하게 생각한 사람들은 이처럼 노동 운동과 농민 운동, 학생 운동을 이끌거나 도우며 힘을 키워 나갔고, 여성 운동과 소년 운동에도 힘을 보탰단다.

독립을 위해 한마음 한뜻으로, 신간회

이 무렵 독립운동을 하는 사람들은 민족주의자들과 사회주의자들로 나뉘어 있었어. 민족주의자들은 민족의 독립과 발전이 가장 중요하다고 생각했어. 반면에 사회주의자들은 독립을 이룬 뒤에는 노동자와 농민이 이끄는 새로운 나라를 세워야 한다고 생각했지. 그런데 민족주의자들 중에서 일본을

몰아내고 독립하는 건 불가능하니, 일본의 지배를 인정하고 받아들이자는 사람들이 나타났어. 일본의 지배를 받는 상태에서 한국에 따로 의회를 구성하고 한국인 스스로 다스리자는 거야. 이걸 자치론이라고 해. 물론 많은 민족주의자들이 화를 내며 반대했어. 독립을 포기한다는 것은 결코 받아들일 수 없는 일이었거든. 결국 민족주의자들은 둘로 갈라지게 되었어. 절대로 독립을 포기할 수 없다고 생각하는 민족주의자들은 사회주의자들과 손을 잡았지. 사회주의 사상에 찬성하지는 않지만 독립이라는 목표가 같았기 때문이야. 사회주의자들도 조선 총독부의 감시와 탄압이 심해지자 민족주의자들과 힘을 합치는 걸 원했어.

　이렇게 해서 민족주의자들과 사회주의자들이 함께 신간회라는 단체를 만들었어. 단체에 가입한 사람이 지켜야 하는 약속을 강령이라고 하는데, 신간회 강령을 보면 둘이 서로 힘을 합쳤다는 걸 확실히 알 수 있어. 정치적, 경제적으로 깨어나 서로 단결하며 기회주의, 즉 자치론에 반대한다는 내용의 강령이었지. 신간회 회원은 누구나 될 수 있었어. 우리나라는 물론이고 일본의 도쿄, 오사카, 만주의 용정 등에도 지회가 설치되었는데, 제일 많았을 때 149개였다고 해. 회원 수는 제일 많았을 때 4만 명이나 되었어. 신간회는 여러 가지 일을 했어. 먼저 일본에 다음과 같은 요구를 했어. 한국인을 못살게 굴지 말 것, 일본인이 한국에 와서 살지 못하게 할 것, 한국인을 위한 교육을 실시할 것, 사상과 연구의 자유를 보장할 것 등등. 그리고 노동자가 파업을 하고 농민이 소작 쟁의를 일으키고 학생들이 동맹 휴학을 하면, 어디든지 달려가 돕고 그 소식을 세상에 널리 알렸어.

일본은 신간회를 만드는 것까지는 허락했지만, 그 뒤로 매년 전국 대회를 열려고 할 때마다 막았어. 신간회 회원의 활동을 얄미울 정도로 일일이 감시하고 방해했지. 광주에서 학생들이 일본 학생과의 차별에 항의하며 학생 운동을 일으키자, 신간회는 광주 학생 사건 보고 대연설회를 열려고 했어. 하지만 일본 경찰이 금지시켰어. 신간회는 다시 한번 더 큰 민중 대회를 준비했어. 그러자 일본 경찰이 이번에는 아예 신간회 간부 90여 명을 잡아가 버렸지. 그런데 이 틈을 타서 자치론을 주장하는 민족주의자들이 신간회 간부 자리를 차지하는 일이 일어났어. 사회주의자들은 이러한 일을 받아들이지 않았어. 사회주의자들은 더 이상 민족주의자들과 함께 일을 하는 것은 어렵다고 생각하여 신간회를 없애자고 주장했어. 신간회의 운명을 결정하는 전국 대회가 열리고, 신간회를 없애자는 안건이 통과되고 말았어. 결국 안타깝게도 신간회는 사라져 버렸지. 하지만 신간회는 민족주의자와 사회주의자가 힘을 합쳐 독립의 꿈을 꾼 가장 큰 단체로 역사에 남았어.

학생이 이끈 독립운동, 광주 학생 운동

3.1 운동 때에 학생들은 전국에서 만세 시위를 준비하고 일으키는 데 큰 역할을 했어. 3.1 운동이 끝나고 난 뒤에도 학생들은 학교마다 비밀 단체를 만들어 활동했어. 학생들은 일본인 교사가 한국인 학생을 무시하는 말과 행

동을 하면, 이를 바로잡기 위해 학교와 맞섰지. 학교에 가지 않거나 수업을 받지 않고 함께 모여 시위를 했어. 동맹 휴학을 한 거야.

　3.1 운동이 끝나고 7년이 지난 뒤에 대한 제국의 마지막 왕이었던 순종이 죽었어. 사회주의자들은 민족주의자들과 힘을 합쳐 순종의 장례식을 치르는 날에 3.1 운동 때처럼 만세 시위를 하려고 준비했어. 하지만 계획이 발각되면서 만세 시위를 준비한 사람들이 잡혀가고 말았지. 그래도 그날 경성에서 만세 시위가 일어났어. 바로 학생들이 시위를 일으킨 거야. 이걸 6.10 만세 운동이라고 해. 순종의 장례식 행렬이 지나가는 길에는 무려 30만 명이 모여 있었다고 해. 학생들의 만세 시위는 오전 8시 반 종로 3가의 시위를 시작으로 오후 2시까지 8곳에서 일어났어. 학생들은 가슴에 숨겨 온 태극기를 꺼내 흔들었어. 준비해 온 인쇄물을 사람들을 향해 뿌리며 대한 독립 만세를 외쳤지. 을지로 부근에서는 시위로 밀고 밀리다 학교 담이 무너졌어. 동대문 앞 시위에서는 일본 기마 경찰의 말발굽에 70~80명이 부상을 당했어. 이날 210여 명의 학생들이 잡혀 감옥에 갇혔다고 해. 6.10 만세 운동 이후에 학생들이 몰래 만든 비밀 단체가 더 많아졌어. 이들 학생 단체는 식민지 교육에 반대한다는 주장을 펼쳤어.

6.10 만세 운동이 일어나고 3년 뒤에 광주에서 일본에 반대하는 학생 운동이 일어나 전국으로 퍼진 일이 있었어. 신간회가 보고 대회를 열려고 했던 바로 그 광주 학생 운동이야. 광주에서 시작되어 광주 학생 운동이라고 불러. 광주 학생 운동은 나주역 앞에서 한국인 학생과 일본인 학생 사이에 벌어진 충돌에서 시작되었어. 일본인 남학생이 한국인 여학생을 일부러 밀친 것에 항의하여 싸움이 벌어졌지. 그래서 앞(170~171쪽)에서 보았던 것처럼 한국 학생과 일본 학생이 충돌했던 거야. 그런데 일본 경찰이 계속 일본인 학생 편만 들어서 한국인 학생들이 화가 많이 났어. 며칠 후에 광주에서 다시 일본인 학생들이 한국인 학생들을 공격하면서 일이 커졌어. 한국인 학생들은 시내를 돌며 시위를 벌였고 이 시위는 전국으로 퍼져 나갔어. 전국에서 학생들이 일본을 쫓아내고 독립을 이루자며, 거리로 나와 시위를 했어. 경성에서도 여러 학교가 함께 연합 시위를 벌였지. 광주 학생 운동이 전국적인 독립운동이 된 데에는 지금의 초등학교, 그러니까 보통학교 학생들의 힘도 컸어. 중고등학교는 없고 보통학교만 있는 읍이나 면 같은 마을에서도 보통학교 학생들이 시위에 나선 거야. 가장 먼저 나주 보통학교 학생들이 시위를 시작했지. 어린 학생들이 대단하지 않니?

1926년에 광주 지역 학생들이 만든 성진회라는 학생 단체야. 성진회 출신 학생들은 광주 학생 운동을 전국으로 퍼뜨리는 데 큰 역할을 했어.

광주 학생 운동에 참가한 학교는 간도 지방까지 포함하여 320개가 넘었어. 5개월이나 계속된 시위에 참여한 학생 수도 5만 4천여 명이나 되었지. 학생들이 주도한 어마어마한 독립운동에 중국 정부도 감탄하며 지지한다는 뜻을 전했다고 해. 광주 학생 운동에 참가한 학생들은 졸업 이후에 청년 운동, 노동 운동, 농민 운동 등에 참여하며 독립운동을 계속했어.

쟁점 토론

우리나라에서 만든 물건을 쓰는 게 나라에 도움이 되나요?

3.1 운동이 일어난 뒤에 우리나라에서는 물산 장려 운동이 일어났어. 다른 나라에서 만든 물건을 쓰지 말고 한국 사람이 만든 물건을 쓰자는 운동이었어. 물산 장려 운동이 일어났을 때 이에 찬성하는 사람들도 있었지만 반대하는 사람들도 있었지.

물산 장려 운동에 찬성하는 사람들은 이렇게 주장했어.

산업이 발달한 일본이나 서양의 품질 좋은 물건들이 우리나라에 들어와 싼 값에 팔리고 있습니다. 싸다고 해서 이 물건들을 쓰면 우리나라의 산업은 발전하지 못합니다. 그러면 우리는 계속해서 외국에 경제적으로 의존해야 합니다. 그러니 우리나라 사람이 만든 물건을 써서 산업을 발전시켜야 합니다.

반면에 이에 반대하는 사람들은 이렇게 주장했지.

물산 장려 운동은 우리나라 사람이 만든 물건을 쓰면 한국 사람 모두에게 도움이 된다는 생각에서 시작되었지만 반대하는 사람들도 많았어. 어떻게 생각해? 어느 의견이 맞는 것 같아?

물산 장려 운동은 돈 많은 사람들만 위한 운동입니다. 지금처럼 일본이 지배하고 있는 상황에서는 산업이 제대로 발전할 수 없습니다. 우리가 아무리 외국 물건 대신에 우리나라 물건을 쓴다고 해도, 산업은 발전하지 않고 결국 회사 사장들만 돈을 벌게 됩니다.

이 얘기도 맞는 것 같고, 저 얘기도 맞는 것 같은데…!

생각 넓히기

1  생각해 보기

1929년 10월 30일, 나주역 앞에서 벌어진 한국인 학생과 일본인 학생 사이의 충돌이 발단이 되어 일어난 광주 학생 운동은 전국적인 시위로 퍼져 나갔어. 이 시위에 참가한 학생들이 어떤 주장을 했을지 생각해 보자.

_____

_____

_____

2 활동해 보기

아래 그림은 다른 나라에서 만든 물건을 쓰지 말고 국산품을 사용하자는 물산 장려 운동에 참여할 것을 권하는 그림이야. 물산 장려 운동을 권하는 포스터를 만들어 보자. 또 우리나라 상품을 선전하는 광고도 만들어 보자.

내가 만든 포스터　　　　　　　　　　　내가 만든 광고

15장 만주에 꽃핀 독립운동

여기는 만주에 있는 신흥 무관 학교라는 곳이야. 학생들이 군사 훈련을 받고 있어.
모두들 힘이 들어서 헉헉거리면서도 열심히 훈련을 받고 있네.
이 사람들은 무엇을 위해 이곳에서 훈련을 받고 있는 걸까?

질문 있어요!

  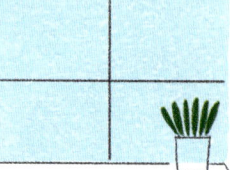

저기, 궁금한 게 있어요!

무엇이든 물어보세요!

아이고, 힘들다! 학교를 세우고 나서 공부도 하고 훈련도 받으려니 엄청 힘들어요. 게다가 농사일까지 해야 한다고요. 언제까지 이렇게 해야 할까요?

나라의 독립을 위해 훌륭한 군인이 되려고 하는 것이니, 나라가 독립이 될 때까지는 힘들어도 해야겠지요?

나라가 망하자 독립군이 되기 위해 고국을 떠나 중국으로 온 젊은이들이 많았어. 하지만 그 과정은 쉽지 않았지. 그래도 그들은 어려움을 견디며 훈련을 받았어.

학교를 졸업하면 독립군이 되어서 일본군과 싸워야지!

1919	**1920**	1922	1929
3.1 운동이 일어나다.	봉오동 전투와 청산리 전투에서 대승을 거두다.	방정환, 어린이날을 제정하다.	광주 학생 운동이 일어나다.

신흥 무관 학교, 독립군을 키우다

오늘날의 가치로 계산하면 600억 원이나 되는 재산을 모두 팔고, 독립운동을 위해 만주로 떠난 6형제의 얘기를 들어 본 적이 있니? 6명의 정승이 나온 유명한 가문인 이회영 집안의 이야기야. 나라를 잃은 1910년 겨울, 지독한 추위 속에 40명이 넘는 대가족이 일본 경찰의 날카로운 감시를 뚫고 압록강을 건넜다고 해.

이회영은 대가족을 이끌고 만주로 건너가 독립운동을 시작했어. 그가 제일 먼저 한 일이 독립군을 키우는 일이었어. 이를 위해 군사 학교인 신흥 강습소를 열었지. 이 학교가 앞에서 얘기한 것처럼 신흥 무관 학교로 이름이 바뀌는 거야. 처음에 학교는 옥수수 창고를 빌려서 문을 열었어. 곧이어 훨씬 험한 산속에 새로 학교 건물을 지었어. 학교를 지을 돈은 이회영의 형인 이석영이 내놓았어. 봄부터 시작한 공사는 3개월이 걸렸지. 교사와 학생들이 함께 힘을 합쳐 학교를 지었어. 삽과 괭이로 땅을 평평하게 다지고 먼 곳에서 돌을 져 날라야 하는 힘든 일이었단다.

독립군을 길러 내는 것이 가장 중요하다!

이회영

드디어 세워진 학교에서 열린 감격스러운 입학식에는 18살에서 30살까지의 학생 100여 명이 몰려들었어. 수업은 새벽 4시에 시작했고, 저녁 9시가 되면 잠을 잤어. 독립군을 키우기 위한 학교였으니 좋은 군인이 되기 위한 공부를 제일 열심히 했지.

학생들은 총을 들고 훈련도 받았어. 그런데 제일 열심히 훈련한 게 뭔지 알아? 국경을 넘어 산이 많은 북부 지역에서 일본군과 싸우기 위한 준비로 산을 빨리 오르는 훈련이었대. 지리와 역사도 열심히 공부했어. 학생들은 일하면서 공부한다는 방침에 따라 농사일도 했어. 만약 하루에 10시간을 교육한다고 하면, 신흥 무관 학교 학생들은 1시간은 공부, 2시간은 군사 훈련, 5시간은 정신 교육, 2시간은 일하는 데 써야 했어. 이처럼 공부하고 일하며 군사 훈련을 받는 것은 엄청 고된 일이었어. 게다가 물 때문에 생기는 전염병이 돌아 죽는 학생들도 있었지. 하지만 학생들은 조국의 독립을 위해 앞(182~183쪽)에서 보았던 것처럼 고된 훈련을 마다하지 않았던 거야.

학교 문을 열고 1년이 지나 졸업생이 나왔어. 신흥 무관 학교는 문을 닫을 때까지 9년 동안 3500여 명의 졸업생을 길러 냈어. 졸업생은 2년간 의무적으로 독립군 활동을 하거나, 각지에 나가 낮에는 공부를 가르치고 밤에는 군사 훈련을 시키는 교사로 활동해야 했지. 또 졸업생들은 동창회인 신흥 학우단을 만들어 활동했어. 신흥 학우단이 함께 만든 백서 농장은 겉으로는 농장이었지만 실제로는 독립군 부대였다고 해. 이렇게 만주를 비롯하여 중국 여기저기로 흩어진 신흥 무관 학교 졸업생들은 독립군의 중심인물로 활약했어. 만주에 살던 50만 명의 한국인을 독립운동으로 이끄는 든든한 지도부 역할을 한 거야.

백서 농장은 일본의 눈을 피해 농장이라고 했지만 사실은 독립군 부대였어.

봉오동, 청산리 전투

　나라 밖에서 일어난 무장 독립운동은 특히 만주에서 활발했어. 무장 독립운동이란 무기를 들고 직접 일본군과 싸우는 것을 말하는 거야. 왜 만주에서 활발했을까? 나라 안에서는 일본이 매서운 눈으로 감시하고 있었기 때문에 무기를 들고 싸우기가 어려웠어. 나라 밖이라고 해도 무조건 무기를 들 수 있는 건 아니었지. 외국에서 독립운동을 한다고 해도 그 나라 정부가 무기 들고 싸우는 것을 무조건 허락해 주지는 않을 테니까 말이야. 그렇지만 압록강과 두만강 건너 만주에서는 무기를 들고 일본군과 싸울 수 있었어. 당시 중국에서는 커다란 땅을 군벌이라는 몇몇 사람이 나누어 지배하며 서로 싸우고 있었어. 군벌은 강한 군대를 앞세워 정치를 하는 지배자를 가리키는 말이야. 이처럼 중국이 혼란스러웠기 때문에, 독립군이 무기를 들고 일본군과 싸울 수 있었던 거야. 독립군들은 압록강과 두만강을 건너 일본군을 공격했어. 독립군들은 국경을 넘어 순식간에 관청이나 경찰, 군대 시설을 공격한 뒤에, 다시 국경을 넘어가 버렸지. 독립군에게 시달린 일본은 국경에 군인과 경찰을 크게 늘렸어.

　3.1 운동이 일어나고 1년쯤 뒤인 1920년 6월에 독립군이 국경을 넘어 국내로 들어와 공격하자, 일본군은 추격대를 짜서 독립군이 주둔하고 있던 만주의 봉오동을 공격하러 왔어. 이 소식은 곧 독립군 부대들에 전해졌지. 홍범도가 이끄는 대한 독립군을 비롯한 독립군 부대들은 산중턱에 숨어서 일본군이 봉오동 골짜기 깊숙이까지 들어오기를 기다렸어. 그러고는 일본군을 포위하고 공격한 끝에 크게 무찔렀어.

　뜻하지 않게 봉오동 전투에서 크게 패하자, 일본군은 만주를 지배하고 있

홍범도

 던 중국의 군벌 장쭤린에게 도움을 요청했어. 그런데 장쭤린이 도와주지 않으니까 이번엔 중국인 마적을 끌어들였어. 마적이란 마을을 약탈하여 물자를 빼앗는 일종의 도적떼를 가리키는 말이야. 마적들은 일본이 시키는 대로 훈춘에 있는 일본 영사관을 습격했어. 일본은 자신들이 꾸며서 일어난 이 사건을 이유로 2만 명의 군인들을 보냈어. 일본 영사관을 습격한 마적을 잡기 위해서라는 핑계를 대고 일본군을 만주로 보낸 거야. 물론 진짜 목표는 독립군과 싸우는 거였지.

 이렇게 되자 독립군 부대들은 많은 수의 일본군과 싸우면 이길 가능성이 없다고 생각했어. 그래서 일단 백두산 서쪽 자락으로 피해 몸을 숨기고 있었어. 일본군은 자신들의 많은 수와 좋은 무기를 믿고 독립군을 쫓아왔어. 처음으로 싸움이 붙은 곳은 청산리 백운평이었어. 미리 골짜기에 숨어 있던 독립군이 아무것도 모르고 들어오는 일본군을 순식간에 공격하면서 200여 명의 일본군이 죽었어. 그 뒤에 김좌진이 이끄는 북로 군정서는 야영 중인 일본군 120여 명을 공격해서 모두 죽였지. 마지막 전투는 어랑촌이라는 곳에서 벌어졌어. 김좌진 부대와 홍범도 부대가 힘을 합쳐 아침부터 저녁까지

김좌진

주먹밥을 먹으며 싸웠어. 결국 해가 지자 일본군이 물러나고 말았어. 이렇게 해서 청산리에서 1주일 동안 10차례 벌인 전투에서 독립군은 완벽한 승리를 거두었어. 많은 수의 군인과 뛰어난 무기를 가진 일본군이 지리를 잘 이용한 독립군에게 완전히 패하고 만 거야.

하지만 청산리 전투에서 크게 패해 화가 난 일본군의 보복은 끔찍했어. 간도에 있는 한국인 마을로 쳐들어가 사람들을 죽이고 불을 질렀어. 이때 죽은 사람이 3천여 명을 훌쩍 넘는다고 해. 이 사건을 간도 학살 사건이라고 하지. 일본군은 이러한 사실을 알리기 위해 취재를 간 동아일보 기자를 죽이기도 했단다.

의열단의 탄생

만주에서 일본군과 직접 싸우는 게 독립을 위한 제일 빠른 길이라고 생각한 사람들은 독립군이 되었겠지? 독립군이 되는 것 대신에 일본의 관리와 군인을 죽이고, 관청이나 군사 시설을 파괴하는 방법으로 독립운동을 한 사

김원봉과 의열단
김원봉(맨 오른쪽)과 의열단 단원들이 함께 찍은 사진이야. 의열단 단원 중의 한 명이 서대문 형무소에 갇혀 있을 때의 기록에서 찾아낸 사진이란다.

람들도 있었어. 몇 사람이 목숨을 바쳐 한국인에게 독립의 희망을 심어 주는 게 더 중요하다고 생각한 거야. 그런 꿈을 꾸는 사람들이 만주 지린에서 의열단을 만들었어. 단장은 김원봉이었어.

김원봉은 신흥 무관 학교를 찾아가 뜻을 같이 할 사람을 모았어. 상하이로 건너가서 3개월 동안 폭탄을 만들고 조작하는 법을 배웠지. 그리고 다시 지린으로 돌아와서 사람들에게 폭탄 제조법을 가르쳤어. 준비를 마친 김원봉은 의열단을 조직하고 본격적인 활동을 시작했어. 의열단 단원들은 죽음을 피하지 않고 목숨을 바쳐 정의로운 일을 실행하여, 한국의 독립과 세계 평등에 기여한다는 결의를 다졌어. 그러고는 조선 총독의 목숨을 노리거나 조선 총독부에 폭탄을 던질 계획을 세웠지.

의열단 단원 중에 김익상이라는 사람이 있어. 조선 총독부에 폭탄을 던지고 유유히 중국으로 돌아온 사람이야. 김익상은 중국에서 폭탄 2개, 권총 2정을 갖고 경성으로 향하는 기차를 탔어. 국경에 있는 중국 땅인 단둥에 이르자 일본 경찰과 헌병이 기차에 올라와 검문을 했지. 김익상은 얼른 어린애를 데리고 여행 중인 일본인 여성 옆자리로 옮겨 앉아서 유창한 일본말로 대화를 시작했어. 다정한 부부인 척해서 다행히 검문을 피할 수 있었어. 다음 날 무사히 경성역에 도착한 그는 어린애를 안고 일본 여성과 이야기를 나누며 자연스럽게 빠져나왔어.

이틀 뒤 김익상은 조선 총독부에 전기공 차림으로 나타났어. 수리를 하러 온 것처럼 속이고 유유히 조선 총독부 건물 안으로 들어가는 데 성공했지. 재빨리 2층으로 올라간 그는 첫 번째 방에 총독이 있다고 생각하고 폭탄을 던졌지만 터지지 않았어. 김익상은 다시 옆방에 폭탄을 던졌어. 폭탄이 터지면서 요란한 폭음과 함께 마룻바닥이 파였고, 탁자와 유리창이 산산이 부서졌어. 계단을 뛰어 내려가던 김익상은 놀라 달려온 경비병에게 위험하다며 만류하는 시늉을 하고 뒷문을 통해 건물 밖으로 빠져나갔어. 김익상은 일본 경찰의 눈을 피하려고 일본인 식당으로 들어가 노동자로 변장한 다음에 용산역에서 기차를 타고 평양까지 갔어. 거기서 일본인 행세를 하며 며칠 묵다가, 신의주를 거쳐 국경을 통과하여 아무 일 없다는 듯이 태연하게 김원봉 앞에 나타났지.

일본은 무척 놀랐어. 대낮에 조선 총독부 건물에서 폭탄이 터졌는데, 범인은 어디론가 사라져 버리고 아무 흔적도 찾지 못했으니 말이야. 6개월 뒤 중국에서 일본 육군 대장을 저격하려던 김익상이 체포되고 나서야, 일본은 그가 범인이라 걸 알게 되었다고 해. 김익상의 활약은 마치 한 편의 영화 같

조선 총독부도 별 거 없구먼!

지? 대담하고 판단력도 빠르며 변장도 잘했기 때문에 위기를 넘길 수 있었던 거야. 이처럼 의열단이 일본 관청에 폭탄을 던지고 일본 관리들을 저격한 사건은 300여 건이 넘어. 하지만 이로 인해 희생된 의열단 단원도 300명이 넘었어.

인물 탐구

이봉창과 윤봉길은 어떤 사람들인가요?

3.1 운동 이후에 세워진 대한민국 임시 정부는 시간이 흐르면서 점점 힘이 약해졌어. 임시 정부를 이끌던 김구는 독립운동의 기운을 돋우기 위해, 한인 애국단을 만들어 일본의 주요 인물을 암살하기로 했어. 그중에서 윤봉길과 이봉창의 의거가 널리 알려져 있어.

1932년 1월, 이봉창은 일본 천황을 암살하기로 했어. 일본인처럼 꾸미고 일본 도쿄에 몰래 들어가, 시내 한복판에서 궁궐로 돌아가던 천황을 향해 폭탄을 던졌지. 말이 다치고 관리의 마차가 뒤집혔지만 천황이 죽지 않아 결국 실패하고 말았어.

1932년 4월, 윤봉길은 중국에 쳐들어온 일본군이 상하이를 점령하고 기념식을 벌일 때, 일본군 지휘관들을 죽일 계획을 세웠어. 상하이 훙커우 공원에서 열린 행사장 안으로 들어가 식장에 서 있는 일본군 지휘관들을 향해 폭탄을 던졌지. 큰 폭발과 함께 일본군 사령관 등 7명이 죽거나 다쳤어.

이봉창과 윤봉길은 모두 체포되어 사형을 당했어. 하지만 두 사람의 용감한 투쟁에 많은 사람들이 놀라고 감동했어. 중국의 지도자 장제스는 '중국의 백만 대군도 못 한 일을 한 사람의 한국 청년이 해냈다.'고 감격하며 임시 정부를 도왔다고 해.

두 사람의 희생으로 임시 정부가 다시 일어서게 된 거군요!

생각 넓히기

1 생각해 보기

다음은 이회영을 비롯한 6형제가 벌였던 독립운동을 설명하는 글이야. 이회영과 그의 가족들이 아래와 같은 일을 할 수 있었던 이유는 무엇인지 생각해 보자.

1910년 우리나라는 일본에게 나라를 빼앗겼다. 그러자 이회영과 형제들은 전 재산을 다 팔고 만주로 가서 무관 학교인 신흥 강습소를 세웠다. 그리고 그곳에서 수많은 독립군을 길러 냈다. 그들이 독립운동을 하는 데 쓴 돈은 모두 40만 원, 지금으로 따지면 600억 원이나 되는 큰돈이었다. 그런데 독립군을 길러 내느라 정작 자신들은 하루에 한 끼도 제대로 먹지 못했다.

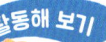

2 활동해 보기

국립 현충원은 나라를 위해 목숨을 바친 분들이 묻힌 곳이야. 그런데 국립 현충원에 친일파가 11명이나 묻혀 있다고 해. 반면에 목숨을 바쳐 독립운동을 하고도 제대로 인정받지 못하고 있는 사람들도 있어. 아래의 사진을 보고 어떤 생각이 드는지 써 보자. 그리고 고쳐야 할 점이 있다면 무엇인지 그 내용도 써 보자.

국립 현충원에 있는 친일파 김창룡의 묘지

망우리에 있는 독립운동가 오재영의 묘지

16장 어린이날은 어떻게 만들어졌을까?

여기는 1922년 5월 1일 경성이야. 어린이들이 나란히 서서 행진을 하고 있어.
그런데 어린이들이 무슨 종이를 사람들에게 나누어 주고 있네.
무엇을 나누어 주는 걸까? 또 왜 어린이들이 모여서 행진을 하고 있는 걸까?

질문 있어요!

저기, 궁금한 게 있어요!

무엇이든 물어보세요!

오늘은 정말 뿌듯하기도 했지만 떨리기도 했어요. 평소에 야단만 치던 어른들에게 전단지를 나눠 드렸는데 흐뭇하게 바라보셨죠. 왜 그러셨을까요?

이제 어른들도 어린이를 존중해야 한다는 생각을 많이 갖게 되었기 때문이야. 어린이도 어엿한 사람이란 걸 알게 된 거지.

이제는 집에서도 밖에서도 자신을 갖고 살아야겠어요!

어린이 운동을 통해 어린이가 그저 아랫사람이 아니라, 미래를 열어 갈 소중한 보물이라는 생각이 점점 더 퍼져 나갔단다.

1919 — 3.1 운동이 일어나다.

1920 — 봉오동 전투와 청산리 전투에서 대승을 거두다.

1922 — 방정환, 어린이날을 제정하다.

1929 — 광주 학생 운동이 일어나다.

어린이는 미래의 희망이다

'어린이를 때리지 말라. 이것은 하느님을 때리는 것이다.'

이 말을 한 사람이 누구인지 아니? 바로 동학을 이끌었던 최시형이 한 말이야. 이처럼 동학에서는 어린이도 어른과 똑같이 대하라고 하며 어린이를 존중했어. 어린이 운동을 펼친 사람들도 마찬가지였어. 어린이를 물건처럼 함부로 대하면 안 되고, 어린이가 자유롭고 즐겁게 생활하도록 해야 한다고 주장했지. 먼저 어른들이 어린이에게 다정하게 높임말을 하라고 권했어. 또 동화책을 읽어 줄 때에도 도깨비 이야기로 무섭게 만들지 말고, 말을 듣지 않으면 호랑이나 경찰이 잡아간다고 겁을 주지도 말라고 했어. 어린이들이 어린이답게 놀려면 장난감이 필요하다는 얘기도 했어. 무엇보다 어린이에게 편한 옷을 입히고 알맞은 음식을 먹이는 것이 중요하다는 점도 강조했단다.

그 당시는 사람들 앞에서도 어른이 아무렇지도 않게 어린이를 때리고, 집에서는 물론 학교에서도 어린이를 '이놈' 아니면 '자식'이라고 함부로 부르던 시절이었어. 그러니 처음에는 이런 주장을 무시했지. 하지만 차츰 어린이를 존중하라는 목소리에 귀 기울이는 어른들이 많아졌어.

'어린이도 사람이다!'

'어린이도 2천만 형제 중의 한 사람이고, 세계 16억 인 중 한 사람이며 장래 큰 운명을 개척할 사람이다!'

이런 주장에 고개를 끄덕이는 사람들이 늘어 간 거야.

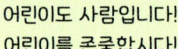

어린이도 사람입니다! 어린이를 존중합시다!

어린이 대공원에 있는 방정환의 동상이야. 방정환은 활발하게 어린이 운동을 펼쳤어.

어린이 존중 사상을 널리 퍼뜨리는 데 큰 역할을 한 사람이 바로 방정환이야. 방정환은 어린이에게 겁이나 벌을 주며 가르치는 학교를 좋아하지 않았어. 글씨 쓰는 것과 수학만을 배워서는 이 세상에 필요한 사람이 될 수 없다고 생각했지. 그는 어린이가 요구하는 것을 주고, 어린이의 꿈을 북돋아 주는 활동이 진짜 교육이라고 믿었어. 어린이가 자유롭고 재미있게 저희끼리 기운껏 펄펄 뛰면서 자라도록 애정을 갖고 돌보자는 게 방정환의 생각이었어.

> 죄 없고 허물 없는 평화롭고 자유로운 하늘나라! 그것은 우리 어린이의 나라입니다. 우리는 언제까지나 이 하늘나라를 더럽히지 말아야 할 것이며, 이 세상에 사는 사람이 모두 깨끗한 나라에서 살게 되도록 우리의 나라를 넓혀 가야 할 것입니다.
> – 〈처음에〉 (잡지 《어린이》 창간사), 《어린이》 1923년 3월호, 1쪽

어린이 운동이 시작되다

방정환은 천도교 소년회라는 모임을 만들어 어린이를 쾌활하고 건전하게 키우기 위한 교육을 시작했어. 일본인이 만든 학교가 아니라, 어린이 스스로가 꾸려 가는 모임을 통해서 진짜 교육을 하려고 한 거야. 그런데 천도교는 동학을 이어받은 종교야. 동학이 천도교로 이름을 바꾸었거든. 그러니까

천도교 소년회는 동학에서 얘기하는 어린이 존중 사상을 이어받았다고 할 수 있을 거야.

　천도교 소년회는 어린이 회원들이 직접 대표를 뽑고, 서로가 의논하여 할 일을 정하는 자유롭고 평등한 모임이었어. 서로 간에 높임말을 써야 한다는 규칙도 있었지. 어린이들은 자신들을 존중해 주는 방정환의 이야기를 듣거나, 친구들과 함께 뛰어 놀고 공부하기 위해 소년회로 몰려들었어. 당시는 학교를 갈 수 있는 어린이가 10명 중 2명뿐인 시절이었어. 그래서 천도교 소년회 말고도 전국 여기저기에서 만들어지는 소년회에 거는 어린이들의 기대가 높았어. 천도교 소년회는 매주 2번 모여 여러 활동을 펼쳤어. 예절과 상식을 공부하거나 재미와 교훈이 넘치는 주제를 정하여 이야기하고 토론했지. 때론 연극, 노래, 무용 등의 예능이나 야구, 축구 등의 운동을 즐겼어. 또 회원들이나 사회에 어려운 일이 생기면 돕기도 했어.

> 혼자 떨어져 있지 말고 엉켜 사는 소년이 됩시다. 그리고 이웃에 사는 여러 동무와 한가지로 배워 나가는 사람이 됩시다.
> – 김기전, 〈다 같이 생각해 봅시다〉, 《어린이》 1927년 12월호, 1쪽

나는 잡지 《개벽》에 번역 동시 〈어린이의 노래〉를 실으면서, 처음으로 '어린이'라는 말을 만들었어.

그런데 '어린이'라는 말을 누가 만들었는지 아니? 바로 방정환이야. 방정환은 1920년 8월에 발행된 《개벽》이라는 잡지에 번역 동시 〈어린이의 노래〉를 실었는데, 여기서 처음으로 '어린이'라는 말을 사용했어. 젊은이나 늙은이처럼 아이들을 부르는 말이 따로 필요하다고 생각해서 어린이라는 말을 만든 거야. 그럼 방정환이 생각하는 어린이의 모습은 어땠을까?

'우리가 예전부터 생각해 오던 하느님의 얼굴을 어린이에게서 발견하게 된다. 어느 구석에 먼지만큼이라도 더러운 티가 있는가? 어느 곳에 우리가 싫어하는 것이 한 가지라도 있는가? 죄 많은 세상에 태어났지만 죄를 모르고, 더러운 세상에 태어났지만 더러움을 모르고, 부처나 예수보다도 하늘의 뜻 그대로 산 하느님이 아니고 무엇이랴?'

방정환은 동심, 그러니까 어린이의 마음, 어린이다움을 정말 소중하게 생각했던 거야.

방정환은 어린이란 말뿐만 아니라 어린이를 위한 잡지도 만들었어. 잡지 이름도 《어린이》였지. 어린이들은 이 잡지를 정말 좋아했나 봐. 일본과 중국에 사는 한국인 어린이들까지 읽었다고 해. 《어린이》에 10만 독자라는 말

이 자주 나오는 걸 봐서는 엄청난 인기를 끌었던 것 같아. 어린이들이 왜 이 잡지를 좋아했을까? 방정환은 《어린이》에 아이들은 어떻게 커야 하고 무엇을 지켜야 하는지 하는 도덕 교과서 같은 교훈은 싣지 않았어. 어린이의 눈높이에 맞추어 어린이의 글과 이야기, 어린이끼리의 소식, 그리고 동화와 동요를 실었어. 《어린이》 속에서 어린이들이 웃고 울고 뛰고 노래하면서 크길 바랐던 거지. 이 때문에 어린이들이 잡지 《어린이》를 그렇게 좋아했던 거란다.

1923년 3월에 《어린이》라는 잡지가 처음 생겼어. 《어린이》는 어린이들이 정말로 좋아하고 바라는 것을 싣기 위해 노력했단다.

어린이날의 탄생

'어린이는 씩씩한 기상과 고운 심정과 쾌활하고도 부지런한 마음을 한층 새롭게 하여, 이 세계의 지금 주인공인 아버님, 어머님, 선생님보다 더 나은, 새 조선의 일꾼이 되고 새 세상의 주인공이 된다.'

이렇게 생각한 방정환은 어린이를 위한 기념일을 만들어야 한다고 생각했어. 그가 바라던 대로 1922년 5월 1일에 첫 번째 어린이날 행사가

어린이날을 널리 알리기 위한 어린이날 포스터와 표어야.

열렸어. 이날 천도교 소년회 회원들은 경성 시내를 행진하며, 〈10년 후의 조선을 생각하라〉라는 제목의 전단지를 어른들에게 나눠 주었어. 앞(194~195쪽)에서 보았던 어린이들의 행진이 바로 어린이날을 기념하는 행진이었던 거야.

이처럼 나라를 잃은 한국인들이 스스로 앞장서서 어린이날을 만들었다는 것은 대단한 일이었어. 천도교 소년회가 만든 어린이날은 바로 다음 해부터 여러 어린이 단체들이 힘을 합쳐 크게 행사를 여는 어린이 축제일이 되었어. 그날 경성에 뿌려진 전단지는 무려 12만 장이었다고 해. 전단지에 실린 〈어른들에게 드리는 글〉이란 제목의 글을 살펴볼까?

- 어린 사람을 헛말로 속이지 말아 주십시오.
- 어린 사람을 늘 가까이 하시고 자주 이야기하여 주십시오.
- 어린 사람에게 높임말을 쓰시되 늘 부드럽게 하여 주십시오.
- 어린 사람에게 수면과 운동을 충분히 하게 하여 주십시오.
- 이발이나 목욕 같은 것은 때맞춰 하도록 하여 주십시오.
- 나쁜 구경을 시키지 마시고 동물원에 자주 보내 주십시오.
- 장가와 시집을 보낼 생각 마시고 사람답게만 하여 주십시오.

그런데 왜 장가와 시집을 보낼 생각을 하지 말라고 했는지 궁금하지 않니? 그 당시에는 10살만 넘으면 결혼을 시키는 조혼이라는 풍습이 있었어. 그래서 어린 나이에 결혼시킬 생각부터 하지 말고, 먼저 어린이를 사람다운 사람으로 키워 달라는 이야기를 한 거야.

또한 전단지에는 〈어린 동무들에게〉라는 제목의 글도 실려 있었어.

- 돋는 해와 지는 해를 반드시 보기로 합시다.
- 어른에게는 물론이고 당신들끼리도 서로 존대하기로 합시다.
- 뒷간이나 담 벽에 글씨를 쓰거나 그림 같은 것을 그리지 말도록 합시다.
- 길가에서 떼를 지어 놀거나 유리 같은 것을 버리지 말기로 합시다.
- 꽃이나 풀을 꺾지 말고 동물을 사랑하기로 합시다.
- 차나 기차에서는 어른에게 자리를 양보하기로 합시다.
- 입은 꼭 다물고 몸은 바르게 가지기로 합시다.

어때? 이 글을 읽으니 어떤 생각이 드니?

어린이날 행사가 전국으로 퍼지면서 5년 뒤에는 50만 명의 어린이가 참가하는 대규모 축제가 되었다고 해. 경성에서는 '희망을 살리자, 내일을 살리자.'라는 구호를 앞세우고, 1만 명이 넘는 어린이가 거리 행진을 하기도 했지. 나라를 잃어버리고, 어른들은 감히 몇 사람이 함께 모여 생각을 나눌 자유조차 없었던 시절이었잖아. 그런데 어린이들이 대낮에 어린이날 노래를 부르고 어린이 만세를 외치며 거리를 누비고 있으니, 이를 바라보는 어른들의 마음은 아마도 뭉클했을 거야. 어른들도 그 마음을 모아 어머니 대

어린이날 기념식 모습이야. 방정환이 만든 어린이날은 그 뒤로 매년 행사를 치르면서 점점 규모가 커졌어.

회, 아버지 대회 등의 행사를 마련하여 어린이날 행사에 함께했어.

물론 경찰이 행진을 허용하지 않는 경우도 있었어. 빨간 글씨로 '어린이날'이라고 쓴 띠를 어깨에 둘렀더니, 빨간 글씨는 안 된다며 행진을 막는 일도 있었지. 무심결에 그 띠를 두르고 나갔다가 경찰에게 빼앗긴 어린이도 있었어. 빨간색의 깃발을 들고 가려다 위험하다는 이유로 행진을 금지당하기도 했어. 왜 그랬냐고? 빨간색이 사회주의를 의미하는 색이라고 생각해서였다고 해. 일본 정부와 조선 총독부는 사회주의가 위험하다고 생각하여 감시하고 있었거든.

어린이날은 나라를 잃고 사람들이 좌절하고 있을 때 만들어진 기념일이야. 어린이날을 맞아 씩씩하게 행진하는 어린이들을 바라보며, 많은 어른들은 이제 어린이를 '아랫놈'이라 무시하지 않고 소중한 보물로 생각하게 되었지.

'아! 어린이가 가정과 사회와 나라, 그리고 세계의 미래이고 희망이구나!'

어른의 기운을 북돋우는 새싹이 바로 어린이라는 걸 어린이 운동이 가르쳐 준 거란다.

생각 넓히기

1 생각해 보기

다음은 방정환을 비롯해서 어린이 운동을 펼친 사람들이 주장한 글이야. 그 사람들이 아래와 같이 주장한 이유가 무엇인지 생각해 보자.

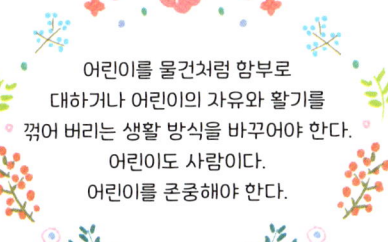

어린이를 물건처럼 함부로 대하거나 어린이의 자유와 활기를 꺾어 버리는 생활 방식을 바꾸어야 한다.
어린이도 사람이다.
어린이를 존중해야 한다.

2 활동해 보기

다음은 방정환이 만든 〈어른들에게 드리는 글〉이야. 오늘날 〈어른들에게 드리는 글〉을 만든다면 어떤 내용이 들어가야 좋을지 써 보자.

어른들에게 드리는 글

- 어린 사람을 헛말로 속이지 말아 주십시오.
- 어린 사람을 늘 가까이 하시고 자주 이야기하여 주십시오.
- 어린 사람에게 높임말을 쓰시되 늘 부드럽게 하여 주십시오.
- 어린 사람에게 수면과 운동을 충분히 하게 하여 주십시오.
- 이발이나 목욕 같은 것은 때맞춰 하도록 하여 주십시오.
- 나쁜 구경을 시키지 마시고 동물원에 자주 보내 주십시오.
- 장가와 시집을 보낼 생각 마시고 사람답게만 하여 주십시오.

인류 최대의 기념일, 어린이날

더 알아보기

　우리나라의 어린이날은 5월 5일이야. 그럼 다른 나라에도 어린이날이 있을까? 물론이야. 어린이날은 세계 130여 개 나라가 공통으로 기념하고 있는 인류 최대의 기념일이야. 오스트레일리아는 7월 첫 번째 일요일, 아르헨티나는 8월 두 번째 일요일, 독일은 9월 20일, 캐나다는 11월 20일이야. 가까운 중국과 북한은 6월 1일, 타이완과 홍콩은 4월 4일이 어린이날이지. 한국과 일본은 5월 5일을 공휴일로 정하고 어린이날 행사를 성대하게 치르고 있어. 어린이날이 세계적인 축제일이 된 것은 1954년 유엔 총회의 결의에 따른 것이야. 그렇지만 미국, 영국, 프랑스에는 어린이날이 없다고 해.

한국의 어린이날

> 어린이날은 우리나라에서 가장 먼저 생겼다고!

이렇게 세계적으로 어린이날을 기념하기 훨씬 이전부터 우리나라를 비롯한 동아시아에서 먼저 어린이날을 기념했어. 가장 먼저 어린이날을 만든 것은 우리나라야. 1922년 방정환이 만들었지. 처음에는 노동절이기도 한 5월 1일을 어린이날로 정했다가 1927년에 5월 첫째 일요일로 바꾸었어. 그 후에 1946년부터는 5월 5일을 어린이날로 기념하고 있어. 일본에서는 원래 3월 3일은 여자 어린이날, 5월 5일은 남자 어린이날로 삼아 전통 의례를 치르는 풍습을 갖고 있었는데, 그중에서 5월 5일을 1920년대 중반부터 아동 애호의 날로 기념하기 시작했지. 중국은 처음에는 1930년대부터 4월 4일을 아동절로 기념하기 시작했어. 그러다가 1949년부터 공산당 정부가 나치 독일에 의해 강제 수용되었다 희생된 체코슬로바키아 리디츠 마을 어린이들을 기리기 위해 제정한 국제 아동일(6월 1일)을 어린이날로 기념하고 있어. 하지만 중국에서 떨어져 나간 타이완과 홍콩의 어린이날은 그대로 4월 4일이야. 북한도 6월 1일을 국제 아동일로 기념하고 있단다.

중국의 어린이날

북한의 어린이날

17장 대중 운동

여기는 1923년 전라남도 신안군에 있는 암태도라는 섬이야.
농민들이 모여서 큰 소리로 무엇인가를 외치며 항의하고 있어. 경찰들이 주변을 둘러싸고 감시하고 있네.
농민들은 무엇 때문에 이렇게 화가 난 걸까?

질문 있어요!

"저기, 궁금한 게 있어요!"

"무엇이든 물어보세요!"

"도대체 지주들은 얼마나 더 소작료를 올려야 성에 찰까요? 우리 농민은 다 굶어 죽게 생겼는데, 소작료만 올리니 어떻게 살아야 하나요?"

"올해부턴 더 내시오!"

"지주들의 욕심이 지나치네요!"

"게다가 맘에 안 들면 소작인을 계속 바꾸니 사람들이 다 떠난다고요!"

"지주와 지주 편을 드는 일본 때문에 농민들은 살기가 무척 어려웠어. 하지만 농민들은 포기하지 않고 끈질기게 투쟁을 이어 나갔단다."

"갈 테면 가!"

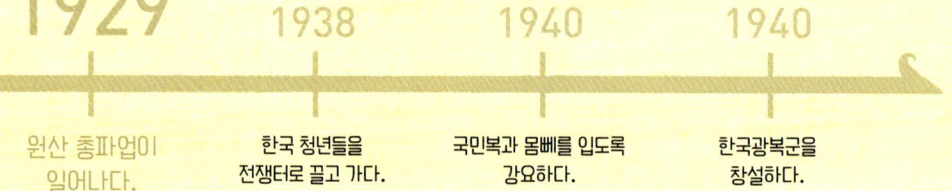

- **1929** 원산 총파업이 일어나다.
- **1938** 한국 청년들을 전쟁터로 끌고 가다.
- **1940** 국민복과 몸뻬를 입도록 강요하다.
- **1940** 한국광복군을 창설하다.

농민 운동

일본이 한국을 차지하고 나서 가장 힘들었던 사람들은 누구였을까? 그래, 맞아. 농민들이었어. 일본의 식민지가 되었을 때 일본이 가장 중요하게 여겼던 일이 토지 조사 사업과 산미 증식 계획이었잖아. 앞에서 얘기한 거 기억나지? 모든 땅마다 주인을 정해서 세금을 확실하게 걷고, 또 일본에 부족한 쌀을 싼값에 가져가려고 농민들을 못살게 굴었어. 이 때문에 빚을 지고 땅을 빼앗긴 농민이 많아졌어. 이들은 남의 땅을 빌려 농사를 짓는 소작인으로 살아가야 했지. 하지만 그마저도 살얼음판 같은 삶이었어. 지주는 땅을 빌려주고 그 대가로 받는 소작료를 자꾸 올렸어. 또 소작인이 마음에 들지 않으면 마음대로 바꾸기도 했어. 이처럼 일본이 못살게 굴고 지주한테 시달리면서 가난에 빠진 농민들이 점점 늘어났어. 아무리 열심히 농사를 지어도 항상 빚을 져야만 했지. 농민들은 정든 고향을 떠나야 했어. 산에 들어가 화전을 일구거나 도시로 가서 토막집을 짓고 겨우겨우 살아갔어. 아예 고향을 떠나 나라 밖으로 나가는 사람들도 많았어.

이렇게 되자 농민의 권리를 스스로 지켜야 한다고 생각하는 농민들이 늘어났어. 그런 농민들이 모여 단체를 만들었지. 제일 많은 게 소작인들의 모임인 소작인 조합이었어. 소작인들은 지주들에게 소작료를 낮추고 소작인을 마음대로 바꾸지 말라고 요구하면서 함께 모여 항의했어. 이걸 소작 쟁의라고 해.

소작 쟁의 중에서는 전라남도 신안군 암태도에서 일어난 쟁의가 가장 유명해. 많은 땅을 가지고 있던 문재철이란 지주가 암태도의 소작인들에게 생산한 곡물의 50%를 소작료로 걷고 있었어. 소작인들은 소작료를 40%로 낮추어 줄 것을 요구했지만, 문재철은 이를 거부했지. 그러자 소작인들은 추수도 하지 않고 소작료도 내지 않으며 항의했어. 앞(208~209쪽)에서 보았던 것처럼 함께 모여 격렬하게 항의했던 거야. 하지만 지주와 사이가 좋았던 경찰은 지주 편만 들었어. 소작인들은 이 사태를 널리 알리는 게 좋겠다고 생각해서, 배를 타고 가장 가까운 도시인 목포로 나가 시위를 했어. 이 소식이 전국에 알려지면서 많은 사람들이 격려 전보를 보내고, 또 돈이나 물건을 보내며 응원했어. 이렇게 암태도 소작 쟁의는 1년이나 끌었단다. 일본은 소작 쟁의가 더 퍼지는 것을 막기 위해 지주 문재철에게 소작료를 낮추도록 했어. 결국 농민들이 승리한 셈이었지.

암태도 소작 쟁의는 많은 농민들에게 희망을 갖게 했어. 여기저기서 많은 농민 단체가 만들어졌어. 농민 단체들을 대표하는 조선 농민 총동맹도 생겨

났지. 일본은 분노한 농민들을 달래기 위해, 농민이 잘살 수 있게 해 준다면서 농촌 진흥 운동을 벌였어. 하지만 이미 무너진 농민의 삶을 일으켜 세우는 건 불가능했어. 농민들은 농민 조합을 만들어 일본에 저항하며 농민 운동을 계속했어. 농민들은 나라를 되찾아야만 사람답게 살 수 있다고 생각했던 거야.

노동 운동

그 당시에 많은 사람들이 농사를 짓고 살았지만, 땅을 잃고 고향을 떠나 도시로 나온 사람들은 노동자로 살아갔어. 건물을 짓는 곳에서 일을 하거나 항구에서 짐 나르는 일을 했지. 일본 회사가 들어오면서부터는 공장에서 일하는 노동자들이 많아졌어. 기계를 만들거나 비료를 생산하는 공장도 있었지만, 그보다는 옷감을 짜거나 식품을 생산하는 공장이 더 많았어. 그런 공장에는 주로 여성이나 청소년들이 일을 하고 있었어. 한국인 노동자의 월급은 일본인 노동자 월급의 반도 안 되었는데, 특히 여성이나 청소년 노동자의 월급은 일본인 노동자의 $\frac{1}{4}$밖에 안 되었지. 그런데도 매일 12시간 이상 일을 시키고 휴일도 거의 없이 1년 내내 일을 시켰어. 일본은 노동자들을 돌보거나 보호할 생각을 하지 않았어. 한국인 노동자들은 일본인 공장장이나 노동자들한테 맞고 욕을 먹어도 호소할 곳조차 없었어.

이런 상황에서 노동자들도 농민들처럼 스스로를 보호하기 위해 단체를 만들었어. 전국 곳곳에서 500개가 넘는 노동 단체들이 생겨났고, 이 단체들이 힘을 합쳐 조선 노동 총동맹을 만들었지. 노동자들은 노동자를 보호하기 위한 요구 조건을 내걸었어. 그리고 이를 얻어 내기 위해 하던 일을 중단

하는 파업을 벌였어. 노동자들의 요구 조건은 이런 거였어. '월급을 깎지 말라.', '월급을 올려라.', '일하는 시간을 줄여라.', '사람으로 대접해 달라.', '욕하거나 때리지 말라.'

그러던 중에 원산에서 아주 큰 파업이 일어났어. 이 파업은 영국인이 사장으로 있는 회사의 일본인 감독이 한국인 노동자를 때린 사건 때문에 시작됐어. 노동자들은 일본인 감독을 쫓아내고 좀 더 좋은 조건에서 일할 수 있도록 해 달라고 요구했어. 하지만 회사는 노동자들의 요구를 들어주지 않았어. 그러자 원산 노동 연합회라는 노동 단체가 나서서 파업을 이끌기 시작했지. 이에 동조하여 원산에서 일하던 다른 회사 노동자들도 힘을 모아 함께 파업을 벌였어. 그래서 이때 원산에서 일어난 파업을 원산 총파업이라고 불러. 파업에 참가한 노동자들은 공장에서 쫓겨났고 일본 경찰은 거리로 나선 노동자를 잡아 가두었어.

노동자들이 어려움에 처하게 되자, 암태도 소작 쟁의 때 그랬던 것처럼 전국에서 응원의 손길이 몰려들었어. 직접 원산까지 응원하러 달려오는 사람도 있었고, 돈이나 물건을 보내는 사람도 많았어. 일본에 있는 한국인 노동자들도 소식을 듣고 격려 전보와 돈을 보내왔어. 이렇게 해서 원산 시내

전체가 들썩이는 파업이 무려 4달이나 계속되었어. 하지만 파업이 길어지면서 노동자들이 먹고살 길이 막막해지고, 경찰이 파업을 이끄는 지도자들을 하나둘 잡아가면서 결국 파업은 실패로 끝나고 말았어. 그래도 원산 총파업은 노동자들도 함께 힘을 합쳐 싸우면 사람들이 지지하고 격려하며 도와준다는 희망을 심어 주었어.

여성 운동

'여자도 사람이다.', '나라가 잘되려면 여성도 교육을 받아야 한다.'

지금은 당연한 이야기지만 예전에는 그렇지 않았어. 이 말은 우리나라에서 여성들이 처음 학교에 다닐 때 나온 주장들이야. 앞에서도 얘기했지만 처음엔 부모들이 여성들이 학교에 가는 걸 싫어해서 여학생을 모집하는 것이 아주 어려웠어. 나라가 기울어 갈 무렵 사람들이 교육만이 나라를 살리는 길이라고 생각해서 많은 학교를 지었는데, 이때 여학교도 많이 생겨났지. 여학교를 다닌 여학생이 졸업하고 사회에 나오면, 사람들은 신교육을 받은 여성이라 하여 신여성이라고 불렀어. 신여성들은 여성 단체를 만들고 여성에 대한 차별에 반대하는 여성 운동을 펼쳤어. 이들은 남녀가 모든 면에서 평등하다고 주장했어. 남녀 차별을 해서는 안 된다는 거지. 부모에 의해 강제로 결혼하는 풍속에 반대하고, 자유롭게 연애하고 결혼하는 세상을 만들어야 한다고 주장했어.

여성들은 전국적인 큰 단체도 만들었어. 농민도 노동자도 전국적인 단체가 있었잖아. 마찬가지로 여성들도 단체를 만들었는데 그게 바로 근우회야. 전국에 64개의 지회를 갖고 있었고 회원은 6천여 명 정도였다고 해. 근우회는 《근우》라는 잡지도 만들고 지방을 돌며 강연을 하거나 토론회를 열었어. 이때 무슨 얘기를 했을까? 남녀가 똑같이 교육받아야 하고, 모든 면에서 남녀 차별을 완전히 없애야 한다고 주장했어. 또 여성 노동자가 남성 노동자들보다 적은 월급을 받는 것도 고쳐야 한다고 주장했지. 신간회와 마찬가지로 근우회도 민족주의 여성 운동가와 사회주의 여성 운동가가 함께 모여 만들었어. 하지만 안타깝게도 신간회가 해체될 무렵에 근우회도 같이 없어지고 말았어.

1927년 5월에 열린 전국적인 여성 단체 근우회의 창립총회 모습이야. 근우회는 단체의 활동을 알리기 위해 《근우》라는 잡지도 발행했어.

형평 운동

혹시 백정이라는 말을 들어 본 적이 있니? 백정은 소, 돼지 등을 잡거나 가죽을 다루는 사람들을 말해. 조선 시대에 가장 천대받는 사람들이었어. 백정은 절대로 마을 안에 살 수 없었어. 기와집에도 살 수 없었고 상투를 틀거나 두루마기를 입을 수도 없었지. 하지만 갑오개혁 때 신분 제도가 없어지면서 백정도 천한 신분에서 벗어날 수 있었어. 그런데 문제는 사람들의 생각이 변하지 않았다는 거였어. 그래서 백정 출신의 자녀들은 학교에도 갈 수 없었어. 몰래 들어갔다가도 들통이 나면 바로 쫓겨났어.

이런 상황에 맞서 백정 출신들은 스스로를 보호하고 나아가 신분 해방을 이루기 위해 단체를 만들었어. 균형을 맞춘다는 뜻으로 이름을 형평사라고 했지. 백정 출신에 대한 차별을 당연하게 여겼던 사람들이 형평 운동에 반대했지만, 많은 노동 단체, 농민 단체, 여성 단체, 청년 단체 등이 형평사를 지지하고 보호해 주었어. 덕분에 이들이 벌인 형평 운동도 전국적으로 퍼져나갈 수 있었어. 형평사는 백정에 대한 잘못된 생각과 차별을 없애고, 자녀들이 떳떳하게 학교에 다닐 수 있는 세상을 만들기 위해 노력했어. 형평 운동이 시작된 지 10년쯤 지나서는 백정 차별이 많이 없어졌어. 군청이나 면사무소에서 항상 당해야 했던 모욕도 거의 사라졌고, 자녀들도 당당하게 학교에 다닐 수 있게 되었지. 모든 사회 단체들이

백정 출신들이 모여서 만든 형평사 전국 대회를 알리는 포스터야.

함께 형평 운동을 도와서 백정에 대한 차별이 없어지게 만든 건, 그만큼 사람들이 자유롭고 평등한 세상을 원했기 때문이었어.

여성 교육을 이끌었던 차미리사는 어떤 사람이었나요?

차미리사는 18세에 결혼했지만 남편을 일찍 잃었어. 이후 그녀는 중국으로 유학을 갔는데, 이때 병을 앓아 귀가 들리지 않게 되었지. 이에 굴하지 않고 다시 미국으로 건너가 공부한 그녀는, 졸업한 뒤에 한국으로 돌아와 배화 여학교 교사로 지내면서 3.1 운동에 참여했어.

3.1 운동이 끝난 후 차미리사는 여성 교육에 뛰어 들어 조선 여자 교육회를 만들었어. 여기서 여성이면 누구나 입학할 수 있는 부인 야학 강습소를 열었어. 처음에는 13명으로 시작했지만 나중에는 150명이 넘는 여성이 배우기 위해 몰려들었지.

조선 여자 교육회는 우리나라 최초로 여성 문제를 알리고 깨우치는 토론회와 강연회를 열었어. 경성에서 처음 열린 토론회에는 여성들이 모여 찬반 토론을 하는 광경을 보려고 많은 사람들이 몰려들었다고 해.

또 조선 여자 교육회는 순회강연단을 만들어 4개월 동안 전국 67개 지역을 돌며 강연회를 열기도 했어.

그 당시로서는 대단한 일이었네요!

생각 넓히기

1. 생각해 보기

갑오개혁으로 신분제가 없어지면서 백정도 천한 신분에서 벗어났지만 실제로는 차별을 받았어. 그래서 스스로를 보호하고 신분 해방을 이루기 위해 형평사라는 단체를 만들었지. 그리고 차별을 없애기 위한 형평 운동을 벌였어. 지금 우리 주변에도 차별을 받는 사람들이 있어. 특히 동남아시아나 아프리카에서 온 노동자들이 차별을 많이 받지. 만일 이들이 형평 운동을 벌이며 한국인과 똑같이 대우해 달라고 한다면 어떨 것 같아? 찬성할지 반대할지, 또 그 이유는 뭔지 생각해 보자.

_____

_____

_____

2. 활동해 보기

아래 사진은 여성 노동자 강주룡이 평양에 있는 을밀대 지붕 위에 올라가 앉아 있는 모습이야. 그녀는 고무 공장에 다니는 노동자였어. 그녀가 지붕 위에 올라간 것은 사람들에게 자신의 억울함을 알리기 위해서였지. 강주룡은 어떤 이야기를 하고 싶었던 걸까? 강주룡이 하고 싶었던 이야기를 전단으로 만들어 보자.

내가 만든 전단지

18장 일상 변화와 도시

여기는 경성의 명동 거리야. 한복을 입은 사람과 일본 옷인 기모노를 입은 사람, 그리고 양복과 양장 차림의 사람들이 뒤섞여 있네. 그중에서도 단발머리에 치마를 입고 구두를 신은 여성들의 모습이 제일 눈에 띄어. 어떻게 해서 사람들이 이렇게 다양한 모습을 하고 다니게 되었을까?

질문 있어요!

저기, 궁금한 게 있어요!

무엇이든 물어보세요!

일본 사람들이 참 많죠? 여기가 일본인지 한국인지 모르겠어요. 그런데 제 모습이 많이 이상한가요? 사람들이 자꾸 이상하게 쳐다본단 말이에요.

여성들이 밖으로 잘 나다니지 않다가 갑자기 밖으로 나와서 그럴 거예요. 게다가 옷차림도 많이 달라졌으니 그럴 수밖에 없죠.

우리가 무슨 잘못이라도 한 것처럼 수군거리고 쳐다보고 하니 기분이 별로 안 좋아요!

이 당시에는 의식주 생활에 모두 변화가 많았지만, 특히 여성들의 교육과 사회 진출이 크게 주목을 받았어.

1929	1938	**1940**	1940
원산 총파업이 일어나다.	한국 청년들을 전쟁터로 끌고 가다.	국민복과 몸뻬를 입도록 강요하다.	한국광복군을 창설하다.

인구가 늘어나다

　지금까지는 일본이 우리나라를 차지하고 나서 참 살기 힘들어졌다는 얘기만 했어. 한국 사람을 늘 의심의 눈초리로 쳐다보며 무시하고, 게다가 모든 면에서 확실하게 일본 사람과 차별하니 살기가 쉽지 않았다는 건 금방 알 수 있을 거야. 하지만 그렇다고 한국 사람들이 기도 죽고 풀도 죽어 엎드려만 있을 사람들은 아니지. 새로운 기계가 발명되고 의학이 발달하고 쓰기 편리한 물건이 있으면, 그걸 우리의 것으로 만들어 좀 더 나은 삶을 살기 위해 노력했어. 일본 사람들과 경쟁하는 것은 정말 불리했지만, 그래도 포기하지 않고 부딪혀 잘살아 보려고 모두들 열심히 노력했어.

　조금씩 밝은 미래를 만들어 가려는 노력의 결과를 가장 확실하게 보여 주는 게 바로 인구야. 인구가 많이 늘었거든. 나라가 망한 1910년에 인구는 1740만 명이었어. 해방이 되던 1945년에는 얼마나 늘었을까? 무려 800만 명 가까이 늘어서, 인구가 2530만 명이었다고 해. 물론 아이를 많이 낳은 것도 있지만 꼭 그 이유만은 아니야. 의학이 발달하고, 예방 접종을 잘하고, 위생을 생각하여 주변을 깨끗하게 정리하며 살았던 덕분이었지. 그 때문에 태어난 지 얼마 되지 않아 일찍 죽는 어린아이의 숫자가 크게 줄었고, 예전보다 오래 사는 어른들도 늘어났어. 이렇게 매년 인구가 늘어 갔지만 1944년에는 인구가 줄어들었어. 왜 그랬을까? 바로 전쟁 때문이야. 일본은 중국을 차지하려고 중국과 전쟁을 벌였고, 1941년에는 미국과도 전쟁을 시작했

어. 이렇게 전쟁을 치르면서 일본은 일본 사람뿐만 아니라 한국 사람까지도 전쟁에 동원했어. 많은 한국 사람들을 군인으로, 노동자로, 일본군 위안부로 강제로 끌고 갔지. 그때 인구의 10% 정도가 빠져나갔기 때문에 인구가 줄어든 거란다.

그럼 한국에 일본 사람은 얼마나 살고 있었을까? 약 70만 명 정도가 살고 있었어. 생각보다 많은 것 같니? 한국 사람은 10명 중에 7명이 예전처럼 시골에서 농사를 짓고 살았지만, 일본 사람 대부분은 도시에서 관청에 다니거나 장사를 하며 살았어. 한국에 살던 일본 사람 10명 중에 4명이 관청에 다니는 공무원이었다고 해. 한국을 다스리는 데 필요한 관리들을 대부분 일본

1930년대의 명동 거리 모습이야. 이곳에는 일본인들이 많이 모여 살았기 때문에, 일본식 옷을 입은 사람들이 많이 보여.

에서 데려왔거든. 한국에 사는 일본 사람은 한국 사람보다 훨씬 더 잘살았어. 도시에 사는 사람 10명 중에 2명이 일본 사람이고 8명이 한국 사람이었는데, 도시에서 세금으로 거둔 돈의 60%가 일본 사람이 낸 거였다고 하니 얼마나 생활 수준의 차이가 컸는지 알 수 있겠지?

신여성이 나타나다

앞에서 인구가 늘어난 게 꼭 아이를 많이 낳아서만은 아니라고 했지? 그렇게 말한 이유가 있어. 여성들이 결혼하는 나이가 점점 많아졌거든. 옛날에는 조혼이라는 게 있었어. 일찍 결혼한다는 말인데, 대개 여성들이 10살을 넘어 15살쯤 되면 결혼을 했지. 이게 차츰 늦어지면서 20대에 결혼하는 여성들이 많아졌어. 왜 결혼을 늦게 하게 되었을까? 가장 큰 이유는 여성들도 이제 학교에 다니기 시작했기 때문이야. 학교에 다니느라 늦어지고, 학교에 다니다 보니 생각이 깨어 반드시 결혼을 해야 하는 것은 아니라고 생각하는 여성이 늘어났던 거야. 물론 학교를 졸업하고 취직하는 여성들도 늘어났지.

학교를 오가는 여학생과 직장을 오가는 여성들이 거리에 등장했을 때 사람들은 신기하게 생각했어. 조선 시대에 여성들은 집 밖에도 못 나가게 했거든. 오죽하면 한국을 방문했던 외국인들이, 한국 여성들은 집에 갇혀 살다가 머리에 장옷을 쓰고 밤에만 돌아다녀서 얼굴은 물론 그림자조차 보기 어렵다고 얘기했겠어? 이처럼 거리를 오가는 여성들이 많이 늘어났지만, 그래도 대낮에 여성이 단발머리에 뾰족구두를 신고, 치마를 입고 돌아다니는 걸 보면 낯설었나 봐. 그런 여성을 신여성이라고 불렀어. 새로이 교육

을 받은 여성이란 뜻으로 그렇게 부른 거야. 그렇지만 좋은 뜻으로만 부른 건 아니었어. 철없고 유치하고 단정하지 못하다고 손가락질하기도 했지. 그래도 교육받은 신여성들은 당당했어. 부모가 정해 준 대로 결혼하는 걸 강제 결혼이라며 거부하고, 자기가 좋아하는 사람과 연애하고 결혼해야 한다고 주장했어. 자기들 자신도 그렇게 살려고 노력했어. 또 신여성들은 자기가 하고 싶은 일을 직업으로 선택해서 각자의 삶을 살았지. 이처럼 여성들이 사회에 많이 진출하면서, 앞(220~221쪽)에서 보았던 것처럼 양장 차림의 여성들을 거리에서 많이 볼 수 있게 되었던 거야.

입고 먹고 사는 방법이 달라지다

일본이 우리나라를 다스리던 시기에 일본 사람이나 서양 사람들의 입고 먹고 사는 방식이 쏟아져 들어왔어. 세상이 하루아침에 달라졌다는 느낌이 들 정도였지. 새로운 것과 옛날 것이 섞여 있던 그 시절 얘기를 해 볼까?

지금은 거리에서 한복을 입고 다니는 사람을 거의 볼 수 없어. 일본이 다스리던 시절에는 돈이 있거나 학교를 다니는 사람들은 양복을 입을 수 있었지만, 가난한 사람들은 대부분 한복을 입고 다녔지. 일본은 한국 사람들이 흰 한복 입는 걸 싫어했어. 예로부터 한국 사람을 백의민족이라고 불렀어. 일본은 한국 사람들이 흰 한복을 입는 것에서 일본에 저항하는 것 같은 인상을 받았다고 해. 그래서 한복 입는 걸 못마땅하게 생각했던 거야. 이 때문에 한복은 때가 잘 타니 자주 빨아야 하고 일할 때 불편하다는 이유를 대면서, 색깔이 들어간 옷을 입으라고 강요했어. 흰 옷을 입은 사람은 면사무소 같은 관청 출입을 못 하게 하거나 벌금을 내라고 했어. 심지어는 장날에 시장에서 흰 옷 입은 사람에게 먹물을 뿌리기도 했지. 정말 고약하지 않니? 그래서 색깔 있는 옷을 입는 경우가 좀 늘어나기는 했지만, 여전히 10명 중에 5명은 흰 옷을 입고 다녔어.

전쟁이 시작된 뒤에 일본은 남성들에게는 국민복이라는 옷을 만들어 입게 했어. 여성들에게는 일본에서 일할 때 입는 몸빼라는 옷을 입도록 했지. 그래도 사람들은 주로 한복을 입었어. 3.1 운동 때에 시위하는 사람들이나 해방이 되어 기뻐하는 사람들의 사진을 보면, 흰 한복 입은 사람들이 많다

1930년대의 종로 거리 모습이야. 하얀 한복을 입은 사람들의 모습이 많이 보여.

는 것을 알 수 있을 거야.

먹거리에도 많은 변화가 있었어. 우선 먹는 음식의 종류가 늘었어. 궁궐에서만 먹을 수 있었던 음식도 돈만 있으면 사 먹을 수 있게 되었지. 외국에서 들어온 음식도 정말 많았어. 우동이나 튀김, 단무지, 생선회 같은 일본 음식은 물론이고, 커피나 과자 같은 서양 음식을 즐기는 사람들이 늘어났어. 만두나 호떡은 중국 음식인데 간식으로 좋아했어. 맥주나 양주, 포도주처럼 서양 술도 인기가 있었지. 먹거리도 많아졌지만, 음식을 만들 때 맛을 돋우는 조미료는 여성들이 좋아했어. 아마 이때 사용하게 된 조미료 때문에 입맛이 많이 바뀌었을 거야.

음식뿐만 아니라 집도 일본식과 서양식이 같이 들어왔어. 우리 조상들이 살던 한옥은 앉아서 생활해야 해서, 불편하고 또 게으른 생활의 원인이 된다는 지적을 받았지. 그래서 새롭게 문화 주택이라는 것이 등장했어. 한옥에 일본과 서양식 집을 덧붙여 만든 것인데, 식당과 화장실, 목욕탕이 집 안에 있는 게 특징이었어. 돈 많은 한국 부자와 일본 사람들이 문화 주택을 지어 살았어. 사람들은 한옥을 현대식으로 고친 개량 한옥도 좋아했어. 사랑방과 문간방은 아예 없애고, 창문을 크게 만들고 마루에 유리문을 달고 페

인트칠을 한 집이었지.

하지만 이건 다 먹고살 만한 사람들이 살던 집 이야기야. 농촌에서 올라와 집을 구할 돈이 없어, 도시 주변 변두리에 토막집을 짓고 사는 사람들도 많았어. 토막집이란 땅을 파고 짚이나 거적으로 지붕과 입구를 만든 집인데, 대부분 온돌도 없이 흙바닥에 자리를 깔고 살았어. 시골집은 아직도 초가집이 대부분이었지. 토막집이나 초가집에 사는 아이들이 이 노래를 부르면서 어떤 마음이 들었을까?

"여우야, 여우야, 헌 집 줄게, 새 집 다오."

그때는 입는 것, 먹는 것, 사는 집, 모든 것에 외국에서 들어온 새로운 것과 원래부터 있었던 옛것이 있었어. 하지만 새로운 것은 돈 있는 사람만이 차지할 수 있는 세상이었단다.

도시가 발전하다

일본이 한국을 차지했던 1910년에는 딱 2곳만이 인구 5만 명이 넘는 도시였어. 바로 경성과 부산이었지. 해방이 될 무렵에는 인구 10명 중 1명이 도시에 살 정도로 도시가 많아졌어. 해방 당시에는 인구 5만 명이 넘는 도시가 아마 30개쯤 되었을 거야. 처음엔 농촌에서 먹고살기 어려워 일거리를 찾아 도시로 나오면서 도시 인구가 늘었어. 일본이 전쟁을 일으킨 뒤에는 전쟁에 필요한 물자를 만드는 공장이 많아졌고, 돈을 벌기 위해 사람들이 공장이 있는 도시로 몰렸지. 새로운 도시가 생겨나는 이유는 여러 가지였어. 조치원, 대전, 김천, 이리, 신의주는 물건을 싣고 내리는 철도역이 생기면서 새로 만들어졌고, 부산, 인천, 군산, 목포, 마산, 청진 등은 항구 도시로 커졌어. 흥남과 진남포는 공업 도시였고, 성진과 나진은 군인들이 주둔한 군사 도시였어.

그런데 도시에 사람들이 사는 모습을 들여다보면 재미있는 걸 발견할 수 있어. 도시마다 일본 사람과 한국 사람이 사는 곳이 따로 있었다는 거야. 일본 사람들은 도시 한쪽에 집을 짓고 모여 살았어. 정거장이나 관청, 은행, 회사, 학교, 시장, 병원, 약국 등 생활에 필요한 시설들이, 일본 사람들이 사

는 동네 가까운 곳에 세워졌어. 상수도와 하수도 시설, 도로, 전기, 전화 등도 모두 일본 사람이 사는 곳을 중심으로 설치되었지. 산에 올라가서 도시를 내려다보면 일본 사람들이 사는 동네가 어디인지 금방 알 수 있을 정도였어.

경성에서 일본 사람들은 주로 지금의 명동과 용산 근처에 살았어. 명동에는 백화점도 있었고 은행과 상가도 있어서, 경성에서 가장 아름답고 화려하고 깨끗한 곳이 되었지. 가로등도 있었고 도로는 말끔히 포장되어 있었으며, 엘리베이터가 있는 빌딩도 있었다고 해. 반면에 한국 사람들은 지금의 종로와 마포를 중심으로 살았어. 종로에는 가로등도 없었고, 청계천에서 퍼 올린 흙으로 길을 다져 비포장인 데다가 여름에는 냄새도 났지. 하지만 일본의 차별 대우에 가만히 있지는 않았어. 사람들이 모여 단체를 만들어, 일

지금의 신세계 백화점인 미쓰코시 백화점이야. 엘리베이터까지 있는 최신식 건물이어서 많은 사람들이 찾았단다.

미쓰코시 백화점의 옥상에는 정원처럼 만든 고급 식당이 있어서 부자들이 많이 이용했어.

본에 쓰레기를 제대로 처리하고 수도를 놓아 주고 도로를 포장해 달라고 요구하는 운동을 줄기차게 벌였어. 그래서 때로는 조선 총독부나 지금의 서울 시청에 해당하는 경성부청이 이런 요구를 받아들이기도 했어.

사건탐구

최초의 대박 영화인 <아리랑>은 어떤 영화였나요?

일본이 지배하던 당시에 사람들은 영화 보는 것을 좋아했어. 1년 동안 영화를 본 관객 수가 2천여 만 명이던 때도 있었지. 처음에는 배우 목소리는 나오지 않고, 변사라는 사람이 화면 앞에서 대사를 실감 나게 읽어 주는 무성 영화가 만들어졌어.

우리나라 최초의 대박 영화인 <아리랑>도 무성 영화였어. 한때 독립운동을 했던 영화배우 나운규가 줄거리를 쓰고 감독을 하며 직접 출연한 <아리랑>은, 당시 농촌의 가슴 아픈 이야기를 담고 있었어. <아리랑>의 반응은 아주 대단해서 6개월 만에 110만 명이 보았다고 해.

줄거리는 다음과 같아. 3.1 운동의 충격으로 미쳐 버린 영진의 동생 영희는 영진의 친구 현구와 사랑하는 사이였어. 그런데 영희를 좋아하던 지주의 심부름꾼 오기호가 사람들이 없는 틈을 타서 영희를 위협하다가 현구와 싸움이 붙었어.

충격을 받은 영진은 제정신을 찾았지만, 결국 쇠고랑을 차고 일본 순사에게 끌려 아리랑 고개를 넘어간다는 이야기야.

나운규는 자신의 고향인 회령에서 청진까지 철도를 건설하던 노동자들이 부르던 애달픈 노랫가락 '아리랑'에서 영화의 줄거리를 생각해 냈다고 해.

이에 영진도 같이 싸우다가 낫을 휘둘러 오기호를 쓰러뜨리고 말았지.

정말 슬픈 이야기네요!

생각 넓히기

1 여성들이 학교에 다니고 사회생활을 하기 시작하면서, 그런 여성들을 신여성이라고 불렀어. 새로이 교육을 받은 여성이라는 뜻이었지. 하지만 좋은 뜻으로만 그렇게 부른 것은 아니었어. 철없고 유치하고 단정하지 못하다는 뜻도 있었어. 그럼 사람들은 왜 신여성을 그렇게 나쁜 의미로도 받아들였는지 생각해 보자.

2 아래 사진은 일본이 우리나라를 차지하고 있을 무렵 경성의 세 가지 모습이야. 일본인이 많이 살았던 남촌과 돈 많은 한국 사람들이 새로운 형태로 지은 문화 주택, 그리고 남촌에도 북촌에도 살 수 없는 가난한 사람들이 살았던 토막집 사진이야. 다음 사진을 전시했을 때, 어떤 제목을 붙이면 좋을지 제목을 붙여 보자.

제목:

남촌

토막집

문화 주택

19장 민족 말살 통치

학생들이 운동장에서 일제히 한쪽을 향해 머리를 숙이고 절을 하고 있어.
아침 조회 시간인 것 같은데 무엇을 하고 있는 것일까?
왜, 어디를 향해 절을 하고 있는 것일까?

한국 사람의 정신을 없애려는 일본

일본은 한국을 다스리면서 중국까지도 차지하려는 꿈을 버리지 않았어. 이때 중국은 무척 혼란스러운 상태였어. 청나라가 망하고 중화민국이 세워졌지만, 지방마다 군대를 갖고 있는 군벌이라는 세력이 버티고 있었거든. 중화민국을 이끌던 국민당과 공산당 사람들이 힘을 합쳐서 군벌을 없애는 데 성공했지만, 곧바로 일본이 중국을 침략하기 시작했어. 일본은 먼저 만주로 쳐들어가 점령한 뒤에 만주국이란 나라를 세웠어. 그러고는 청나라의 마지막 황제를 꼭두각시 황제로 내세웠지. 일본은 한국과 타이완, 그리고 만주까지 차지하면서 대제국이 되었다고 자랑스러워했어. 거기다 욕심을 더 내서 아예 중국 대륙을 몽땅 차지하려고 중국과 전쟁을 시작했어.

일본은 전쟁을 치르기 위해 한국 사람들을 동원할 계획을 세웠어. 그러기 위해 일본은 무엇을 먼저 했을까? 전쟁터로 사람을 끌고 가고 전쟁에 필요한 물건을 내놓으라고 했을 것 같지? 그런데 일본은 그보다는 한국 사람을 일본 사람으로 바꾸는 것이 먼저라고 생각했어. 일본을 위해 목숨을 바쳐 싸울 수 있도록 말이야. 그래서 조선 총독부는 학교나 관청에서 우리말을 쓰지 못하도록 했어. 학교에서 수업 시간은 물론 친구들끼리 이야기할 때도 일본 말만 쓰도록 했어. 한글을 쓰거나 우리말로 얘기하면 혼쭐이 났지. 그런데 이렇게 한다고 한국 사람이 일본 사람이 될 수 있을까? 그럴 리 없지. 그때 일본 사람들이 왜 그런 생각을 했는지 참 궁금해. 아무튼 일본은 한국 사람 스스로 '나는 일본 사람이다.'라고 생각하도록 만들려고 애를 썼어.

일본에 가면 거리 곳곳에 신사라는 게 있어. 일본 사람들이 아주 오래전부터 믿어 왔던 신을 모시는 곳인데, 이곳에 일본 천황의 조상이나 나라에 공이 많은 사람들의 혼을 모시기도 해. 조선 총독부는 한국에도 곳곳에 신사를 지어 놓고, 한국 사람들도 그 앞에서 머리 숙여 참배할 것을 강요했어. 이걸 신사 참배라고 하지. 조선 총독부는 강제로 한국 사람의 이름도 일본식으로 바꾸도록 했어. 이건 창씨개명이라고 해. 창씨개명을 법으로 정해서 거부하면 죄를 짓는 범죄자가 되도록 만들어 버렸어. 일본 신사에 절을 하고 이름을 일본식으로 바꾸어 한국 사람이라는 정신을 없애면, 한국 사람이 일본 사람이 될 거라고 생각한 거야. 정말 그때 살았던 사람들은 참 기막히

고 답답하고 힘들었을 것 같아. 이처럼 한국 사람을 일본 사람으로 만들려는 정책을 민족 말살 통치라고 불러.

학교에서 일본 사람을 키우자

조선 총독부는 한국 사람이 세운 학교의 문을 닫게 하면서도 보통학교를 넉넉하게 짓지 않았어. 그래서 모든 어린이가 학교에 다닐 수는 없었지. 일본에서는 모든 어린이들이 보통학교에 다니고 있었는데 말이야. 일본이 학교에서 가장 신경 써서 가르친 건 일본어였어. 처음엔 우리말도 가르쳤지만, 차츰 시간을 줄이더니 끝내는 가르쳐도 되고 안 가르쳐도 되는 과목으로 만들어 버렸어. 결국 대부분의 학교가 가르치지 않게 되었지.

일본이 중국과 전쟁을 시작한 뒤로 조선 총독부는 한국 어린이를 일본 사람으로 키우는 일에 상당한 힘을 쏟았어. 천황이 사는 나라인 일본에 충성을 다하는 사람으로 키우려고 한 거야. 이런 사람을 황국 신민이라고 부르면서, 황국 신민으로 키우는 걸 교육의 목표로 삼았지. 조선 총독부의 계획은 꼼꼼했어. 어린이들이니까 학년이 올라갈수록 몸만큼 생각도 커진다며 학년별 목표를 다르게 세웠어. 1학년 학생들에게는 전쟁 이야기를 동화로 꾸며 가르치는 정도까지만 했어. 2학년쯤 되면 어린 국민으로서 일본 사람임을 깨닫도록 하는 걸 목표로 했지. 황국 신민이라는 건 4학년에 배우도록 했고, 5학년쯤 되면 천황이 누구인지, 왜 충성해야 하는지를 가르쳤어. 제일 높은 6학년이 되면 확실히 일본 국민으로서, 일본의 세계적 지위를 알고 국민으로서의 책임이 크다는 걸 깨닫도록 하는 게 목표였어.

황국 신민으로 키우기 위해 보통학교 학생들에게 어떤 교육을 시켰는지

살펴볼까? 먼저 매일 아침 학생들을 운동장에 모아 놓고 조회라는 모임을 가졌어. 조회 시간에 황국 신민으로 열심히 살겠다는 내용의 맹세문인 황국 신민 서사를 외우도록 했어. 그런 다음에 앞(234~235쪽)에서 본 것처럼 일본 천황이 살고 있는 도쿄를 향해 모두 머리 숙여 절을 하는 궁성 요배를 하도록 했지. '나는 일본인이므로 천황에게 충성을 다해야 한다.'는 생각이 들도록 하기 위해 학생들에게 매일 절을 하도록 했던 거야. 그리고 나서는 모두 함께 황국 신민 체조라는 걸 하면서 조회를 마쳤어. 또 황국 신민이 되기 위해 요일마다 해야 하는 일을 정한 학교도 있었어. 월요일에는 일본에 충성하자는 내용의 노래인 애국 행진곡을 함께 불렀어. 화요일에는 일본 사람으로 열심히 일하자는 뜻에서 농장에 가서 농작물을 돌보았지. 금요일에는 일본 사람으로 건강한 몸을 가져야 한다며 걷기 훈련을 했고, 토요일에는 일주일을 반성하는 회의를 했어.

조선 총독부는 학생들이 언제 어디서나 황국 신민으로 살아가야 한다는 생각을 하도록 학교를 꾸몄어. 일본 사람이 되자고 마음을 닦는 교실을 만들었고, 운동장에는 일본 천황과 일본 소식을 적은 게시판을 만들었어. 복

도에는 전쟁 소식을 담은 사진 등을 전시했지. 교실 앞 칠판 위에는 일본 천황이 사는 황궁 사진을 가운데에 걸었어. 그 왼쪽에는 황국 신민 서사를, 오른쪽에는 학급에서 지켜야 할 약속을 적은 급훈을 걸도록 했어. 또 학급 안에 애국반이라는 걸 만들었어. 애국반은 전쟁에 쓰기 위한 돈을 모아 내거나 군인들에게 위문품을 보내고, 부상당한 군인이 있는 병원을 방문하는 행사 등을 맡았지. 이렇게 6년을 배우고 나면 정말 '나는 일본 사람이다.'라는 생각을 갖게 될까? 아무튼 보통학교를 졸업한 한국 사람 모두가 일본 사람으로 살아갈 수 있도록 만든다는 게 조선 총독부의 목표였어.

사람도 물자도 모두 전쟁을 위해

일본은 중국과 전쟁을 하면서도 미국 하와이의 진주만을 공격하여 태평양 전쟁을 일으켰어. 일본은 갖고 있던 모든 것을 다 쏟아붓고도 힘에 부치자, 한국에서 사람과 물자를 끌어다 쓰기 시작했어. 군인이 부족하다고 한국 청년들을 전쟁터로 끌고 갔어. 처음엔 지원병이라며 학생부터 끌고 가더니만, 나중에는 일정한 나이에 있는 모든 남자들을 전쟁터로 끌고 갔지. 군대에 끌려가지 않은 남자들은 공장이나 광산에서 일을 시켰어. 비행장, 발전소, 철도, 도로 등을 만드는 데로 끌고 가기도 했어. 이때 일본으로 끌려간 사람이 100만 명도 훨씬 넘어. 이 사람들을 강제로 데려가서는 가두어 놓고 긴 시간 일을 시키면서 먹을 것도 제대로 주지 않았어. 공사가 끝나면 비밀을 유지해야 한다며 공사에 참여한 한국 사람들을 죽이는 일까지 있었지. 지금도 일본 곳곳에는 그때 끌려가 남의 땅에서 억울하게 쓸쓸히 죽어 간 사람들의 넋을 달래는 추모비가 있어. 시간이 갈수록 일손이 자꾸 부족해지자, 이번엔 여성은 물론 어린이까지 끌고 가서 일을 시켰어. 전쟁은 일본이 일으켰는데 한국 사람들이 이렇게 죽도록 고생을 해야 했단다.

　사람만 끌고 간 게 아니었어. 전쟁에 필요한 물자라면 뭐든지 빼앗아 갔어. 쌀은 일본 사람과 한국 사람 모두의 주식이잖아. 전쟁을 하지 않을 때도 산미 증식 계획이란 걸 세워 쌀을 일본으로 가져갔는데, 쌀이 부족할 수밖에 없는 전쟁 때는 어땠겠어? 조선 총독부는 농민들에게 쌀을 내놓으라고 강요했어. 그걸 공출이라고 해. 이번에도 한국 사람들은 만주에서 들어온 잡곡이나 먹어야 했지. 정말 배고픈 시절이었어. 게다가 전쟁에 필요한 무기나 장비를 만드는 데 쓸 물자들도 강제로 거두어 갔어. 교회나 절에 있던 종이나 집에 있던 금붙이는 물론이고, 대야나 그릇 등 금속이란 금속은 죄

다 빼앗아 갔지. 일본이 전쟁을 하게 되면서 나라를 빼앗긴 한국 사람들은 그저 전쟁에 필요한 도구가 되어 버렸던 셈이야.

일본군 위안부 이야기

일본군 위안부라는 말 들어 본 적이 있지? 지금도 매주 수요일이면 일본 대사관 앞에서 일본군 위안부 할머니들이 시위를 벌이고 있잖아. 일본군 위안부란 강제로 일본군 위안소로 끌려가 성폭행을 당한 여성들을 가리키는 말이야. 이건 정말 끔찍한 전쟁 범죄였어. 일본군 위안부 중에는 일본 여성도 있었지만, 강제로 끌려간 한국 여성이 많았어. 한국 여성들은 중국과 동남아시아를 비롯하여 일본군이 있는 곳이면 어디든 끌려갔어. 대부분이 결혼하지 않는 10대 여성들이었고 간혹 결혼한 여성도 있었어. 공장에 취직시켜 준다거나 돈을 많이 벌게 해 주겠다는 말에 속아서 간 경우가 많았지.

끔찍하고 무시무시한 하루하루를 견디기 힘들었던 일본군 위안부들은 반항하거나 도망갈 궁리를 하기도 했어. 하지만 엄격한 감시 때문에 성공한

일본에 의해 강제로 전쟁터에 끌려온 위안부들의 모습이야. 힘들고 고달픈 모습이 역력해 보여.

평화의 소녀상
일본 대사관 앞에 세워진 평화의 소녀상이야.
소녀는 일본군 위안부로 끌려간 할머니들의 어릴 때 모습을 나타낸 거란다.

경우는 많지 않아. 이름도 일본식인 '하나코'나 '요시코'로 바꾸고 힘든 세월을 견뎌 내야 했지. 전쟁이 끝나고 나선 창피한 마음에 한국으로 돌아오지 않는 경우가 많았어. 가족도 고향도 모두 잃고 남의 나라에서 쓸쓸하게 살아갔을 그분들을 생각하면 정말 가슴이 아프단다.

그렇게 묻혀 있던 일본군 위안부 문제는, 50년의 세월이 흐른 뒤인 1991년 김학순 할머니가 자신이 일본군 위안부 출신임을 밝히면서 알려지기 시작했어. 전 세계는 일본의 전쟁 범죄에 크게 분노했지. 2년 뒤 일본에서 고노 장관이 위안부 문제에 대해 사과를 했어. 전쟁 때 일본군이 위안부를 강제로 끌고 갔다는 사실을 인정하며, 사과하고 반성한다고 발표한 거야. 하지만 문제는 그 다음이야. 지금까지도 일부 일본 사람들은 위안부를 강제로 끌고 간 사실이 없다며, 고노의 사과를 취소해야 한다고 억지를 부리고 있어. 일본군 위안부로 끌려간 여성들에게 또다시 고통을 주고 있는 셈이지.

생각 넓히기

1  생각해 보기

일본이 우리나라를 차지하고 있을 때, 조선 총독부는 한국 사람들의 이름을 일본식으로 바꾸도록 했어. 강제로 말이야. 이것을 창씨개명이라고 하지. 그럼 그 당시의 한국 사람들은 창씨개명에 대해 어떻게 생각했을지 상상하여 써 보자.

_____
_____
_____

2  활동해 보기

아래 사진의 어린이들처럼 황국 신민 서사를 낭독해 보자. 어떤 생각이 드니? 당시 어린이들의 마음을 느껴 보고 이를 시로 표현해 보자.

어린이용 황국 신민 서사

1. 우리들은 대일본 제국의 신민입니다.
2. 우리들은 마음을 합하여 천황 폐하께 충성을 다합니다.
3. 우리들은 어려움을 참고 단련하여 훌륭하고 씩씩한 국민이 되겠습니다.

20장 독립을 향한 노력

여기는 중국에 있는 충칭이라는 곳이야. 한국 군인들이 열심히 훈련을 하고 있어.
한국 군인들이 왜 중국에서 훈련을 하고 있는 걸까?
또 무엇을 위해 힘든 훈련을 하고 있는 걸까?

1929	1938	1940	**1940**
원산 총파업이 일어나다.	한국 청년들을 전쟁터로 끌고 가다.	국민복과 몸뻬를 입도록 강요하다.	한국광복군을 창설하다.

일본이 망하고 있어

　일본이 중국으로 쳐들어갔을 때 처음에는 일본이 계속 이겼어. 그래서 전쟁이 금방 끝날 거라고 생각했지. 그런데 생각보다 중국군이 잘 버티면서 일본은 당황하기 시작했어. 전쟁이 길어지게 된 거야. 일본은 자신들이 중국과의 전쟁에 정신을 파는 사이에, 한국에서 혹시 독립운동이 일어나지 않을까 걱정을 많이 했어. 그래서 민족주의자든 사회주의자든, 노동자든 농민이든 사람들이 모이는 단체 활동을 못 하게 했어. 말을 안 들으면 이러저러한 이유로 사람들을 감옥에 가두었지. 시간이 지나면서 사람들은 무리한 전쟁 때문에 일본이 곧 망할지도 모른다고 생각하기 시작했어. 일본이 미국과도 전쟁을 시작하자, 이런 생각은 믿음으로 변해 갔어. 일본이 미국과 영국, 소련 등이 뭉친 연합국을 이기기는 어렵다고 보았기 때문이야. 물론 이때도 일본이 영원할 거라 믿으며 일본을 위해 목숨을 바치자고 주장하는 친일파들은 있었어. 똑같은 상황을 보면서도 정반대로 생각을 하는 사람들이 있다는 게 놀랍지 않니?

　일본이 망할 거라고 생각하는 사람들은 독립을 준비하기 시작했어. 일본에 저항하는 사람들이 늘어났지. 일본이 망한다거나 전쟁에 반대한다는 내의 낙서를 담벼락에 하거나, 글로 써서 길에 뿌리는 사람들이 나타났어. 또 일본에 강제로 끌려가 군인이 되거나 노동자가 되기 싫어서, 산으로 들어가 독립의 때를 기다리며 군사 훈련을 하는 사람들도 있었어. 여기저기서 전쟁

에 반대하고 일본에 저항하는 활동이 이어졌어. 이 때문에 일본인 관리들은 언제 어디서 독립운동이 일어날지 몰라 긴장을 많이 했대. 나라 안에서 군사 훈련을 하며 때를 기다리는 사람들이 많아진 것은 기대와 희망이 있었기 때문이야. 나라 밖 중국에서 한국광복군이나 조선 의용군과 같은 군대가 독립의 때를 엿보고 있다는 것에 대한 기대와 희망 말이야. 기회가 왔을 때 나라 밖에 있던 군대가 나라 안으로 진격해 오고, 이에 맞추어 함께 싸우면 일본을 쫓아낼 수 있다고 생각했던 거야.

독립을 함께 준비하다

일본이 전쟁에서 질 거라고 확신한 사람들은 해방되기 딱 1년 전에 여운형을 중심으로 비밀 조직을 만들었어. 조직의 이름은 '조선 건국 동맹'이었어. 건국은 나라를 세운다는 뜻이야. 그러니까 이름만 봐도 독립 준비를 하

여운형과 조선 건국 동맹
여운형이 중심이 되어 만든 조선 건국 동맹의 회의 모습이야.
조선 건국 동맹은 해방 후에 조선 건국 준비 위원회로 바뀌었어.

는 조직이라는 걸 알 수 있어. 일본이 전쟁에서 질 거라고 생각하여 만든 조직이었지. 목표는 일본을 내쫓고 자유와 독립을 회복한 뒤 민주주의 나라를 만드는 거였어. 경성에 본부를 두고 전국 10개 도에 지부를 설치했어. 중국에 있는 조선 독립 동맹, 대한민국 임시 정부와도 손을 잡기 위해 연락원을 보냈어.

그런데 국내에 있는 건국 동맹이 중국에 있는 독립운동 단체와 손을 잡으려고 한 이유는 뭘까? 가장 큰 이유는 대한민국 임시 정부와 조선 독립 동맹이 군대를 갖고 있었기 때문이야. 대한민국 임시 정부는 한국광복군이라는 군대를 거느리고 있었어. 임시 정부는 군대를 만들어 중국, 미국과 서로 도우며 일본에 맞서고 있었지. 앞(246~247쪽)에서 보았던 것이 바로 한국광복군이 훈련하는 모습이야. 또 조선 독립 동맹에는 조선 의용군이란 군대가 있었어. 건국 동맹은 한국광복군이나 조선 의용군이 독립의 때를 맞아 나라 안으로 진격해 오면 함께 싸울 준비를 하려고 했던 거야.

조선 의용대
1938년 조선 의용대가 만들어진 것을 기념하여 찍은 사진이야. 조선 의용대는 나중에 한국광복군과 조선 의용군으로 나뉘어졌어.

대한민국 임시 정부가 3.1 운동 당시 상하이에 세워졌다는 것은 알고 있지? 일본과 중국이 전쟁을 할 때 중국 정부를 따라 옮겨 다니다가 이 당시에는 충칭이라는 곳에 자리하고 있었어. 조선 독립 동맹은 중국 옌안이란 곳에서 사회주의자들이 만든 독립운동 단체야. 두 단체는 모두 독립하면 선거를 통해 민주주의 나라를 세우겠다고 했어. 건국 동맹이 세우려는 나라와 똑같은 나라였지. 이 때문에 건국 동맹과 대한민국 임시 정부, 조선 독립 동맹은 서로 힘을 모을 수 있었던 거야.

1945년 8월 15일

1945년 8월 15일, 마침내 해방이 찾아왔어. 그날 낮 12시, 일본 천황의 중대 발표가 있었지. 일본 천황이 항복 선언을 한 거야. 그런데 아무리 라디오에 귀를 기울여 봐도 천황의 목소리는 잘 들리지 않았어. 그래서 사람들은 그것이 항복 선언인지 잘 몰랐다고 해. 일본의 항복 소식이 사람들에게

제대로 전해진 건 다음 날인 8월 16일이었어. 이날 처음으로 사람들이 휘문중학교에 모여 집회를 열고, 감옥에 갇혀 있던 독립운동가들이 풀려나면서 해방을 실감하게 되었지. 이때부터 전국에 만세 소리가 울려 퍼졌어.

　조선 총독부는 일본으로 돌아갈 준비를 하면서, 한국에 있는 일본인들이 안전하게 귀국하는 문제에 신경을 썼어. 그래서 건국 동맹을 만든 여운형에게 그 일을 부탁했어. 여운형은 일본인들이 안전하게 돌아가도록 도와줄 테니, 감옥에 있는 독립운동가들을 풀어 달라고 했어. 조선 총독부는 그 요구를 들어줄 수밖에 없었지. 여운형은 우리 힘으로 나라를 세우기 위해 건국 준비 위원회를 만들고 각 지방에 지부를 두었어. 또 혼란을 막기 위해 경찰 역할을 할 치안대도 만들었어. 사람들은 이제 우리 스스로 나라를 다스릴 수 있게 된 것을 보면서 해방이 되었다는 걸 실감할 수 있었어.

　하지만 하지 중장이 이끄는 미군이 인천에 상륙하면서 상황이 달라졌어. 미군은 여운형의 노력을 인정하지 않고, 자신들이 38도선 아래 남한 지역을 직접 다스리겠다고 했어. 미국의 하지 중장과 일본의 아베 총독이 항복 의식을 거행할 때, 조선 총독부 앞에 걸려 있던 일장기는 내려갔지만 대신에 태극기가 아니라 미국 국기인 성조기가 올라갔지.

일본이 항복하고 조선 총독부 앞에 걸려 있던 일장기는 내려갔지만, 태극기 대신에 미국의 성조기가 올라갔어.

　어떻게 이런 일이 벌어진 걸까? 일본은 미국, 영국, 소련 등 연합국과 전쟁을 했잖아. 연합국은 일본이 망할 경우에 일본이 차지했던 나라와 땅을 어떻게 할지 미리 의논했어. 이집트의 수도인 카이로에서 열린 연합국 회의에서 처음으로 한국을 독립시킨다는 약속이 이루어졌지. 그 다음에 얄타란 곳과 포츠담이란 곳에서 열린 회의를 통해 한국의 독립 약속을 다시 확인했어. 하지만 독립 후에 한국을 한국인 스스로 다스리도록 하는 것이 아니라, 우선은 연합국이 다스린다는 내용이었어. 결국 일본의 항복이 가까워지자, 미국은 38도선을 사이에 두고 미국과 소련이 한반도에 들어가 각각 남북을 다스리자는 제안을 했어. 소련이 이 제안을 받아들이면서 나라가 남과 북으로 갈라지고 말았던 거란다.

생각 넓히기

1 *생각해 보기*

1945년 8월 15일에 우리나라는 일본으로부터 해방되었어. 비록 일본이 물러갔지만 우리 스스로의 힘으로 해방을 이룬 것은 아니었어. 일본이 다른 나라들과의 전쟁에서 졌기 때문에 얻은 해방이었지. 이처럼 스스로의 힘으로 해방을 이루지 못한 것이 어떤 결과를 낳았는지 생각해 보자.

_____

_____

2 *활동해 보기*

다음은 여러 친일파들의 주장이야. 다음과 같은 친일파들의 행동과 주장에 대해 각각 자신의 생각을 써 보자.

- 작가: "일본식으로 이름을 고치자고 설득하는 글을 쓴 게 뭐가 잘못이야?"
- 기업가: "일본과 손잡아야 우리 기업이 더 성장할 수 있었다고!"
- 지주: "일본에 쌀을 많이 팔아서 우리가 더 잘살 수 있게 된 거야."
- 경찰: "해방이 될지 몰라서 경찰이 된 것일 뿐이야!"

한국사 연표

1875년	운요호 사건
1876년	강화도 조약(조일 수호 조규)
1882년	임오군란, 조미 수호 통상 조약
1884년	갑신정변
1894년	동학 농민 운동, 갑오개혁
1895년	명성 황후 시해(을미사변), 을미 의병
1896년	고종, 러시아 공사관으로 피신(아관 파천)
	독립 협회 설립, 《독립신문》 창간
1897년	대한 제국 수립, 광무개혁
1898년	만민 공동회 개최
1899년	경인선 철도 개통, 대한국 국제 반포
1905년	을사조약, 을사 의병
1907년	헤이그 특사 사건, 국채 보상 운동, 신민회 결성, 정미 의병
1909년	안중근, 이토 히로부미 사살, 간도 협약
1910년	한일 병합
1911년	105인 사건
1912년	토지 조사 사업 시행(~1918)
1919년	2.8 독립 선언, 3.1 운동
	대한민국 임시 정부 수립
1920년	봉오동 전투, 청산리 전투
	산미 증식 계획 시행(~1934년)
1922년	조선 민립 대학 기성회 창립
1923년	물산 장려 운동, 암태도 소작 쟁의
1926년	6.10 만세 운동
1927년	신간회, 근우회 창립
1929년	광주 학생 운동, 원산 노동자 총파업
1931년	강주룡, 을밀대 농성
1932년	이봉창 의거, 윤봉길 의거
1936년	손기정, 베를린 올림픽 마라톤 우승
1938년	김원봉, 조선 의용대 조직
1940년	한국광복군 창설, 창씨개명
1942년	조선어 학회 사건
1944년	여운형, 조선 건국 동맹 조직
1945년	8.15 해방, 조선 건국 준비 위원회 발족

세계사 연표

1874년	일본, 타이완 침략
1882년	삼국 동맹(독일, 오스트리아, 이탈리아)
1884년	청프 전쟁(~1885년)
1893년	디젤 기관 발명
1894년	청일 전쟁(~1895년)
1895년	뢴트겐, X-ray 발견
1896년	제1회 아테네 올림픽 개최

청일 전쟁

1898년	퀴리 부부, 라듐 발견
1899년	청나라, 의화단 운동
1904년	러일 전쟁(~1905년)
1905년	일본·미국, 가쓰라·태프트 협정
	러시아, 피의 일요일 사건
	인도, 스와라지 운동
1907년	삼국 협상(영국, 프랑스, 러시아)
1911년	중국, 신해 혁명으로 중화민국 성립
1914년	제1차 세계 대전(~1918년)
1917년	러시아 혁명
1919년	중국, 5.4 운동
	간디, 비폭력 저항 운동 시작
1920년	국제 연맹 창설

러일 전쟁

세계 경제 공황

1922년	소련 연방 수립
1923년	일본, 관동 대지진
1928년	플레밍, 페니실린 발견
1929년	세계 경제 공황 시작
1931년	일본, 만주 침략
1933년	미국, 뉴딜 정책 실시
1937년	중일 전쟁
1939년	제2차 세계 대전(~1945년)
1941년	태평양 전쟁
1943년	이탈리아 항복
1945년	독일·일본 항복, 국제 연합(UN) 창설

제2차 세계 대전

찾아보기

ㄱ

가쓰라·태프트 협정 103
간도 학살 사건 189
갑신정변 42~43, 45
갑오개혁 58, 69~71
강우규 150
강주룡 214
강화도 조약 15, 17
《개벽》 152
개항 16
개화 27
개화당 39~46
개화파 27~28, 34
경성 제국 대학 174
고종 13, 40, 73, 83, 91
공출 242
관민 공동회 84, 86
광무개혁 94~96
광주 학생 운동 179~180
국민복 227~228
국채 보상 운동 116~117
군국기무처 70
궁내부 93
궁성 요배 240
권중현 104
근우회 216
김구 192
김기수 17
김옥균 27, 39, 42, 46
김원봉 190
김익상 190~191
김좌진 188~189
김홍집 17, 27, 69, 74

ㄴ

나운규 232

ㄷ

단발령 73~74, 125~126
대성 학교 115
대한국 국제 93
대한 국민 의회 166
《대한매일신보》 115, 117
대한민국 임시 정부 166~167, 252
대한 제국 83, 92~93, 105
데라우치 107, 146
독립문 80~81
독립 선언서 162~163
《독립신문》 79~81, 84~85
독립 협회 81~86
《동아일보》 152
동학 51~52, 197
동학 농민 운동 51, 54, 58

ㄹ

러일 전쟁 101

ㅁ

만국 평화 회의 105~106
만민 공동회 83~86
《매일신보》 149
명성 황후 31~32, 40, 72
몸뻬 227~228
무단 통치 148
문화 주택 228~229
문화 통치 151
물산 장려 운동 174~175, 180
민겸호 31~32
민립 대학 설립 운동 174
민족 말살 통치 239
민종식 127

ㅂ

박규수 27
박승환 128
박영효 27, 39, 42
박제순 61, 104
방정환 198~201
백서 농장 186
105인 사건 116
베델 117
별기군 29~32
보빙사 19
봉오동 전투 187

ㅅ

사대당 41
사대주의 20
사발통문 53
사이토 150~151
산미 증식 계획 154
삼국 간섭 71
3.1 운동 150, 161~165
서광범 39, 42
서재필 39, 43, 79~81, 165
서학 51
손기정 145
손병희 59, 163, 166
수신사 17
순종 178
신간회 176~177
신돌석 127
신민회 114~116
신사 참배 238
신여성 215, 226
신헌 14, 19
신흥 무관 학교 115, 185~186

ㅇ

〈아리랑〉 232
〈안사람 의병가〉 130
안중근 107~108
안창호 114~115
암태도 소작 쟁의 212
양기탁 114, 117
양전 95
《어린이》 200~201
여운형 250~251, 253
연무당 15
영선사 18
영은문 80
5.4 운동 165
오산 학교 118~119
우정국 40~41
운요호 13~14
원산 총파업 214~215
원산 학사 139
유관순 168
유길준 27
유인석 126
6.10 만세 운동 178
육영 공원 139
윤봉길 192
윤치호 29
윤희순 130
을미 의병 125
을사오적 105
을사 의병 126
을사조약 104~105
의병 125
의열단 190
이근택 104
이동녕 115
이봉창 192
이상설 105~106
이석영 185

이승기 146
이승만 167
이승훈 114, 118~119, 163
이완용 104
이위종 105~106
이인영 128
이준 105~106
이지용 104
이채연 82
이토 히로부미 104~107
이회영 114~115, 185
일본군 위안부 243~244
일진회 149
임오군란 30, 33~34
입헌 군주제 45

ㅈ

전봉준 51~53, 59, 62
전주 화약 55
정미 의병 128
조미 수호 통상 조약 19
조선 건국 동맹 250~251
조선 노동 총동맹 213
조선 농민 총동맹 212
조선 독립 동맹 251~252
조선 여자 교육회 218
조선 의용군 250~251
조선 의용대 252
《조선일보》 152
《조선책략》 18
조일 수호 조규 15
주시경 79
지계 95
집강소 56, 59

ㅊ

차미리사 218
창씨개명 238

척사파 29~30, 34
천도교 198
천도교 소년회 198~199
청산리 전투 189
청일 전쟁 58, 68~69, 101
최시형 59, 197
최익현 127
최제우 51~52

ㅌ

태평양 전쟁 241
태형 149
토막집 229
토지 조사 사업 153
통리기무아문 18, 28

ㅍ

평화의 소녀상 244
폐정 개혁 12조 56

ㅎ

한국광복군 250~251
《한성순보》 40
한성 정부 167
한용운 163
한일 병합 조약 107
한일 의정서 102
한청 통상 조약 22
헌병 경찰 147
형평사 217
홍범도 187~188
홍범 14조 71
홍영식 39
환구단 91~92
황국 신민 서사 240
황쭌셴 18
흥선 대원군 13

사 진 제 공

14 초지진(강화도군청)/ 15 신헌(국사편찬위원회), 연무당(서울대학교규장각한국학연구원)/ 17 강화도 조약 문서(서울대학교규장각한국학연구원)/ 18 수신사(kt-collection/booknfoto)/ 19 《조선책략》(ph-collection/booknfoto)/ 20 영국 공사관, 러시아 공사관, 프랑스 공사관, 이탈리아 공사관(kt-collection/booknfoto), 독일 공사관(국립민속박물관)/ 23 구 러시아 공사관(연합뉴스), 정동 제일 교회, 덕수궁 중화전(북앤포토)/ 31 별기군(kt-collection/booknfoto)/ 32 임오군란(뉴스뱅크)/ 39 개화파 4인(독립기념관)/ 42 우정국(kt-collection/booknfoto)/ 53 백산 봉기(ph-collection/booknfoto)/ 55 전주성 풍남문(pixta)/ 61 무명 동학 농민군 위령탑(정읍시청)/ 68 청일 전쟁(민족문제연구소)/ 70 군국기무처(이화여자대학교박물관)/ 80 서재필(재단법인 서재필기념회)/ 84 만민공동회(재단법인 서재필기념회/ 한국콘텐츠진흥원 컬처링 www.culturing.kr)/ 92 환구단과 황궁우, 고종 황제(kt-collection/booknfoto)/ 93 대한제국 군대(독립기념관)/ 104 권중현, 박제순, 이완용(kt-collection/booknfoto)/ 106 헤이그 특사 3인(독립기념관), 만국 평화 회의(kt-collection/booknfoto)/ 115 평양 대성 학교(kt-collection/booknfoto)/ 117 《대한매일신보》(독립기념관), 베델(kt-collection/booknfoto)/ 126 단발령(독립기념관)/ 127 최익현(중앙일보), 신돌석 의병 부대(독립기념관)/ 129 의병(kt-collection/booknfoto)/ 135 최초의 전깃불(한국전력공사 전기박물관)/ 136 1910년대 종로(New York Public Library)/ 137 대한의원 시계탑(st-collection/booknfoto)/ 145 손기정 시상식(AP)/ 149 태형형판(북앤포토)/ 150 3.1 운동(독립기념관)/ 152 《개벽》 창간호(ph-collection/booknfoto)/ 153 토지 조사 사업(민족문제연구소)/ 162 탑골 공원(서울역사박물관)/ 164 3.1 운동(연합뉴스)/ 165 간도 시위(규암 김약연 기념사업회), 필라델피아 시위(독립기념관)/ 167 대한민국 임시 정부 청사(독립기념관)/ 169 에펠탑(pixta), 자유의 여신상(북앤포토)/ 173 민립 대학 기성회(독립기념관)/ 178 6.10 만세 운동(ⓒ NB아카이브)/ 179 성진회(광주학생독립운동기념관)/ 185 이회영(우당기념관)/ 186 백서농장(독립기념관)/ 188 홍범도(연합뉴스), 봉오동 전투(홍범도장군기념사업회)/ 189 청산리 전투(독립기념관)/ 190 김원봉과 의열단(국사편찬위원회)/ 193 김창룡 묘(평화재향군인회), 오재영 묘(보현당)/ 198 방정환 동상(북앤포토)/ 200 방정환(방정환사업회)/ 201 《어린이》 왼쪽(고려대학교 도서관), 오른쪽(영월초등교육박물관), 어린이날 포스터, 어린이날 표어(독립기념관)/ 203 어린이날 기념식(독립기념관)/ 206 한국의 어린이날(합천군청)/ 207 중국의 어린이날, 북한의 어린이날(연합뉴스)/ 215 원산 총파업(독립기념관)/ 216 근우회(독립기념관)/ 224 명동 거리(뉴스뱅크)/ 226 신여성(문화콘텐츠닷컴)/ 227 종로 거리(서울역사박물관)/ 229 문화 주택(서울시), 토막집(kt-collection/ booknfoto)/ 230 명동(서울역사박물관), 종로(문화콘텐츠닷컴, 컬처링(www.culturing.kr))/ 231 미쓰코시 백화점(ph-collection/booknfoto)/ 238 조선 신궁(st-collection/booknfoto), 조선 신궁 참배 학생(kt-collection/booknfoto)/ 240 황국 신민 서사 암송 학생(독립기념관)/ 244 수요 시위(연합뉴스), 평화의 소녀상(happylism ccophoto)/ 251 여운형, 조선 건국 동맹(몽양여운형기념사업회)/ 254 내려가는 일장기, 올라가는 성조기(NARA)

- 이 책에 있는 사진은 해당 사진을 보유하고 있는 단체와 저작권자의 허락을 받아 게재했습니다.
- 저작권자를 찾지 못하여 게재 허락을 받지 못한 사진은 확인하는 대로 허락을 받고, 통상적인 기준에 따라 사용료를 지불하겠습니다.